EN LO MUCHO TE PONDRÉ

Leyes precisas para
tu éxito financiero

Disfrute la
vida financiera
abundante

Manual de Inteligencia Financera

DR. OLFIDIER JORGE GAMA C.

TE DOY LA BIENVENIDA

Gracias por permitirme estar hoy frente a tus ojos, soy un libro profético. Desde antes de la fundación del mundo físico, el Creador Eterno había planeado hacer de ti, la persona más extraordinaria del universo; Colocar sus tesoros de sabiduría, inteligencia y creatividad en ti; bendecir la obra de tus manos, y a tus generaciones; En la medida, que seas poseedor de este plan profético: "En lo mucho te pondré".

Gracias por permitirme estar en tus manos. En tus manos me convertiré en parte de tus estrategias, seré tus herramientas, y te abriré caminos que transformarán tus pensamientos, pondré en tu corazón los fundamentos sólidos para tu éxito, te daré una nueva visión estratégica, y llegarás a nuevos niveles que nunca habías soñado. Tu mente y tu visión de la vida no serán iguales. Conocerás y disfrutarás lo mejor de la vida, y "En lo mucho te pondré".

CONTENIDO

AGRADECIMIENTOS

A mi mejor Amigo y fiel compañero de mi vida,
el Dios sabio y Todopoderoso de todos los
tiempos. Al Dios creador de todas las riquezas,
a su Hijo que me ha enriquecido con su magno
ejemplo y su incomparable redención; al
maravilloso Espíritu Santo que me acompaña, me
llena de fortaleza, inteligencia y sabiduría para
hacer las riquezas.
Gracias por darme lo mejor
de la vida.

Gracias, Amado Dios y Salvador Eterno.
Por esta promesa y visión profética:
"EN LO MUCHO TE PONDRÉ".

Gracias a mi bella familia, tesoro y compañera
fiel en todo el proceso que me enriquece,
para alcanzar el éxito integral.

Gracias, amado Creador por tu Manual
de los grandes tesoros; por programar lo mejor
para mi vida, para mi familia,
y para cada persona que lee este tesoro.

PRÓLOGO

"EN LO MUCHO TE PONDRÉ" es una profecía divina; es el deseo de tu Creador; el cual, con sus lecciones y ejemplo superior, nos enseña los caminos para llegar al nivel superior del éxito financiero, social y espiritual.

Disfruta cada momento, mientras alcanzas los conocimientos de inteligencia financiera de "EN LO MUCHO TE PONDRÉ". Sus principios harán un hombre superior dentro de ti. Con herramientas de conocimiento, habilidades y una mentalidad emprendedora sin límites.

Tu diseño interior será enriquecido con los tesoros de "EN LO MUCHO TE PONDRÉ". Cada lección hará crecer dentro de ti, los conocimientos, las actitudes, y te dotará con las herramientas, para hacer la riqueza integral.

Aprovecharás al máximo tu tiempo, al estudiar todas las estrategias esenciales para ser una persona de éxito espiritual, financiero, y social. Llénate de sabiduría e inteligencia financiera.

Cada lección contiene valores espirituales que fortalecen tu hombre interior, convirtiéndote en una gran bendición para todos los que te rodean, y para ti mismo.

Cada paso es una fuente con Enfoque Financiero; con el fin de lograr una sociedad desarrollada económicamente en cada nación.

La gran meta de "EN LO MUCHO TE PONDRÉ" es crear un mundo equilibrado en recursos, que logren una sociedad en armonía con Dios, la familia y la sociedad, que permitan el desarrollo humano, profesional y empresarial.

Este es el momento de surgir, e ir más allá de donde estás; ver lo que antes no habías visto, lograr sueños mayores que antes no habías imaginado, y alcanzar las máximas metas para la realización de tu vida y tu familia.

INTRODUCCIÓN

Te doy la bienvenida, a disfrutar de esta maravillosa aventura estratégica, denominada EN LO MUCHO TE PONDRÉ. Al ingresar en cada página, y cada tema, descubrirás los tesoros que te harán ver las posibilidades, razones, fines, propósitos y metas a alcanzar; las estrategias, dentro de las múltiples leyes que se requieren, para alcanzar la formación, y las disciplinas estratégicas que necesita el emprendedor de nuevos modelos económicos, espirituales y sociales.

Este es más que un libro. Sus tesoros contienen las herramientas necesarias para hacer un hombre superior, una familia exitosa, una sociedad desarrollada; y el poder para transformar naciones enteras.

Este libro contiene inteligencia social, espiritual, y vida financiera. Tiene el poder en cada principio de ponerte en lo mucho. Tu vida no volverá a ser igual después de aprender los principios y las leyes de: "EN LO MUCHO TE PONDRÉ".

JUSTIFICACIÓN

Razones. Al investigar la mente del hombre en la tierra se ha comprobado que solo el 10% de la población del mundo disfruta y alcanza un nivel de vida superior.

Esta es la razón por la cual se ha escrito este libro: creo que todos los seres humanos pueden superar su nivel de vida, y alcanzar la felicidad y su auto realización, y lo mejor de la vida; el 90% restante pueden poseer recursos espirituales, sociales, intelectuales y bienes, que enriquezcan su calidad de vida; además, ser una luz ejemplar de éxito real en un mundo tenebroso; logrando así, el desarrollo personal, familiar y social, en cada país del mundo.

OBJETIVOS

"En lo mucho te pondré" tiene el propósito de vencer la pobreza y engrandecer la riqueza integral en tu interior. Cuando termines de leer este libro no volverás a ser pobre. Tendrás las herramientas necesarias para alcanzar un nivel superior en tu vida, y poseer las riquezas que están en tu interior y a tu alrededor.

La gran visión es crear mentes de desarrollo económico y social en las naciones, con la gran profecía de "EN LO MUCHO TE PONDRÉ".

Engrandecer mentes transformadoras con sabiduría e inteligencia espiritual, social y financiera, que impacten y bendigan a las naciones del mundo.

Trasformar vidas, pueblos, ciudades y naciones.

CAPÍTULO I

EL HOMBRE SUPERIOR

Fortalezas del hombre millonario

"Acuérdate del Señor tu Dios, pues Él es, el que te da el poder para hacer las riquezas, a fin de confirmar hoy, el pacto que hizo con tus antepasados" (Deuteronomio 8:18).

ACTITUDES DEL ÉXITO FINANCIERO
CONOZCA Y VIVA LO MEJOR DE LA VIDA

Enriquece tus actitudes frente a los recursos. Tus actitudes son las fortalezas de tu éxito completo.

Existe el diseño de un hombre superior para ti. Este diseño contiene la mente, el corazón, y la acción del hombre millonario. Ser esa persona que alcanzará el nivel de pensamiento, de valor, de vocabulario, de visión y resultados que nunca te has imaginado. Tu diseño personal será tan exitoso que

> Tu diseño personal te hará una bendición para todos los que te rodean, serás una bendición donde quiera que vayas.

las multitudes desearán aprender de ti, y ser como tú, y tener tus resultados. Por medio de mis palabras impresas tu diseño personal cambiará y tus logros serán extraordinarios. En lo mucho te pondré.

Las actitudes son las mayores fuerzas que dominan al ser humano. Las buenas actitudes son las fortalezas de la mente y el corazón del hombre de éxito; las actitudes te mueven bien sea para paralizar el éxito, o catapultar al más débil en el ser más exitoso y poderoso del mundo.

Las actitudes son nuestras mayores fuerzas motivacionales, son nuestras aliadas a la hora de emprender un nuevo desafío, proyecto, empresa, carrera, o lograr la meta de la victoria. Parte de tu diseño personal es una mente victoriosa.

Las actitudes correctas, toman nuestros conocimientos y los alinean con nuestras habilidades, para construir una buena familia, un ser social exitoso, logrando hacer las empresas que otros no han hecho, ni harán. Tu diseño personal tendrá la capacidad interior para hacer nuevos proyectos y nuevas empresas.

Las buenas actitudes hacen las mejores familias del mundo, los mejores participantes en la sociedad, los mejores trabajadores, los mejores empresarios, los mejores gobernantes, a los generosos filántropos, y a los más grandes sembradores de proyectos para el bien común. Tu diseño personal te hará una bendición para todos los que te rodean, serás una bendición donde quiera que vayas.

Teniendo en cuenta el gran valor de las actitudes, comencemos fortaleciendo nuestras actitudes como base de nuestro plan formativo, en el camino hacia la conquista de las riquezas.

Oración del hombre millonario:

"Señor, dame mucho, para dar mucho, a muchos; permite que yo sea una bendición donde quiera que vaya". Olfidier Jorge Gama.

A. Actitudes millonarias

Respeto y Amor es la base de toda convivencia y acuerdo social. El respeto contiene una gran dosis de amor y un gran aprecio por el bien común. Amor es sentir un gran aprecio por los demás y un profundo respeto por su integridad y sus bienes.

1. Amor

Hazlo todo con amor. El amor es la fuerza dinámica que lo da todo y cosecha todo. Un agricultor siembra toda su semilla en la tierra y la tierra se la devuelve multiplicada, a ciento por uno y muchas veces más.

El amor hace que todo se multiplique. Con amor se sale de las crisis familiares y se hace un paraíso para la familia. Con amor se catapulta el ánimo para hacer los mejores trabajos, iniciar empresas, y engrandecer lo pequeño en grandes negocios. Con amor se llega donde otros no llegan, se alcanza lo que otros no han alcanzado. El amor es la base para llegar a lo mucho. El amor es la

> Con amor se sale de las crisis familiares y se hace un paraíso para la familia.

máxima fuerza de tu diseño personal.

El amor es el verdadero camino al verdadero éxito. Hazlo todo con amor. Amor es hacer el bien a todos.

Años atrás un joven amigo iniciaba su empresa de estructuras metálicas. Se acercó y de manera sencilla me dijo: ¿Qué consejo me daría para tener éxito en mi nueva empresa?

Pensé por un momento, y le dije: Hazlo todo con respeto y amor. Hazlo con la mejor calidad y excelencia, cumple la fecha de entrega de tus productos, y cobra lo correcto tanto para el cliente como para tu empresa. Hoy es un gran empresario exitoso. Creció como persona, mejoró en su profesión, se preparó, hoy es ingeniero civil. Todo lo hace con amor. Todo lo hace bien.

2. Respeto

La única manera, para alcanzar relaciones duraderas y sólidas, en familia, sociales y en los grandes negocios, está en el respeto. En la familia es necesario tratar con respeto a la pareja, a los hijos, a los padres, a los yernos, nueras, y hasta la suegra; esto permite lazos de amor duraderos, en el centro de la familia, en la convivencia, en la armonía social, y en el mundo de los negocios.

El respeto fundamenta la honra de su empresa y de usted. Tal vez ha tenido la experiencia de contratar alguien, que no se respeta así mimo promete cantidad de cosas que no puede cumplir, la calidad de lo que hace es pésima, tiene explicaciones para todo y nunca cumple nada, se irrespeta asimismo e irrespeta a los demás. Cree que juega con la inteligencia de los demás, sin darse cuenta de que está quedando como un idiota deshonrado ante los demás. Generalmente, sólo come una sola vez de la mano del que le da una oportunidad de surgir.

Un comediante llegó a la frontera de Estados Unidos; él entraba y salía con mucha frecuencia y llegó el día en que la oficial de migración le preguntó: ¿Usted qué hace? Él le dijo, orgullosamente: Soy comediante y trabajo en comedias de televisión. La Oficial lo miró fijamente y le pregunto: ¿Ud. viene a trabajar a los Estados Unidos? El comediante respondió ágilmente: No señorita yo solo vengo de vacaciones. La oficial sonrió y le dijo: No juegue con mi inteligencia, y le canceló su visa por diez años. ¿Le creería Ud. a alguien que dice venir cada quince días de vacaciones a un país?

> En la familia es necesario tratar con respeto a la pareja, a los hijos, a los padres, a los yernos, nueras, y hasta la suegra.

El respeto por las demás personas hace que la honra sea su mejor carta de presentación personal y empresarial. El respeto es parte del diseño personal de los hombres exitosos. "La honra es más valiosa que las piedras preciosas".

Las personas de grandes éxitos, hacen todo con respeto y amor.

B. Investigue el paradigma

El éxito está en los paradigmas exitosos. La ley del Paradigma plantea: si un hombre lo ha hecho yo también puedo lograrlo. Las fuerzas adversarias por lo general nos conducen a envidiar, aborrecer y hasta odiar los paradigmas de nuestros éxitos; de esta manera, nunca investigaremos las personas que han alcanzado grandes logros y éxitos; por el contrario, nuestra actitud negativa hacia los paradigmas de éxito nos mantendrá en la oscuridad del fracaso. Los buenos ejemplos nos enseñan, nos motivan y nos hacen hacedores de maravillas.

Los buenos paradigmas son los modelos que son dignos de observar e imitar. Sus ejemplos nos pueden hacer el camino más corto y fácil al éxito. Recuerdo cuando tenía diecisiete años, tuve el privilegio de observar a un orador extraordinario, su tono de voz, su elocuencia, su forma de vivir y de vestir, su perfume, el respaldo divino y sus resultados. Cuando vi su impecabilidad, me dije a mí mismo: Yo quiero ser un predicador como él.

> Si un hombre lo ha hecho yo también puedo lograrlo.

Este orador impactó a mucha gente. Mientras daba su conferencia de fe en una pequeña ciudad colombiana llamada Ubaté, un brujo espiritista vio las maravillas que Dios hacia a través de este poderoso joven. El brujo exclamó: ¡Si el Dios de este joven lo usa tan poderosamente, yo quiero tener el Dios de este hombre! Aquel día el brujo humilló su corazón a Dios y consagró su vida a Jesucristo. Hoy este exbrujo es uno de los pastores más poderosos de Colombia. Fundador de una gran corporación cristiana y una mega iglesia que bendice la nación.

El Joven predicador realmente era un paradigma andante, era mi paradigma. En otra ocasión estaba predicando en Carmen de Bolívar, Colombia. Un jovencito de catorce años lo escuchó dar su conferencia de fe en Jesucristo, el adolescente también consagró su vida a Jesucristo. Han pasado los años y este niño se convirtió en el fundador y pastor de una gigantesca mega iglesia en Bogotá Colombia.

Un día tuve la oportunidad de hablar con un líder de la iglesia de mi paradigma. (Hoy es un empresario exitoso en Dallas Texas. USA.) Me hizo el relato de su testimonio personal, así: "Cuando yo era un jovencito de catorce años, sin visión, no sabía a dónde ir, ni qué sería de mi vida. Escuché a un orador a la distancia en el frío parque de mi barrio Kennedy, en Bogotá Colombia; me acerqué, y al escuchar al predicador la semilla de la fe en Cristo creció dentro de mí. Cuando el conferencista invitó a consagrar la vida a Jesucristo, yo pasé y oré con él, allí en aquel frío parque, al aire libre; lo más impactante fue cuando oró por mí, sentí el toque sobrenatural de Dios en mi vida. Pero algo más me impactó, cuando el pastor puso sus manos sobre mí, sentí el olor del perfume que llevaba. Aquel día quise ser mejor, quise llevar un perfume como el de mi predicador, y ser como él".

Miles de personas fueron impactadas de una forma sobrenatural en muchos países del mundo, por el testimonio de este predicador. Son muchos los líderes, conferencistas, y pastores que el Reverendo Manuel Herrera Bonilla impactó con su ejemplo hasta el día de su muerte. Aún hasta ahora sus discípulos dan testimonio de él. Su impactante ministerio fue efectivo, pues Jesucristo era su paradigma principal.

> Aquel día quise ser mejor, quise llevar un perfume como el de mi predicador, y ser como él.

Él se convirtió en mi paradigma. Con su ejemplo de excelencia, me inspiró a estudiar, ir al seminario, a la universidad, y especializarme. Me inspiró a hacer mi post grado en Oratoria y alcanzar mi Doctorado. Me inspiró a mejorar mi calidad de vida, y alcanzar niveles superiores, atravesar fronteras; estuve con él cuando recibió su ciudadanía Americana, su ejemplo me inspiró con los años a adquirir también mi ciudadanía Americana. Muchos fueron los éxitos, aún en batallas aprendí de mi paradigma cómo lograr victorias; realmente mi paradigma me enriqueció la vida.

Un buen paradigma nos impulsa y facilita el éxito.

¿Cuál es tu paradigma? Elige uno

Hay muchos paradigmas de grandes éxitos superiores. Investiga, hay muchos grandes hombres empresarios, líderes religiosos, presidentes. Warren Edward Buffet, Elon Musk, Jeff Bezos, Bernard Arnault, Bill Gates, Larry Page, Serguey Bring, Donald Trump. Y muchos más. Líderes religiosos, el apóstol Pablo, Joel

Osteen, Eduardo Cañas, Jorge Enrique Gómez, Cesar Castellanos, Ricardo Rodríguez. Y muchos más que están cerca de usted. Investigue y lee sobre los diez hombres más ricos del mundo. Elige a Jesucristo como tu paradigma principal. Él es la base de todo paradigma. Jesucristo es el máximo diseño, Él enriquecerá tu vida.

Mi paradigma me impulsa al éxito o me inspira al fracaso. Uno de los grandes problemas de la mayoría es que pisotean los paradigmas de éxito; se unen a paradigmas de odio, anti-éxito, antinaturales, nocivos y tóxicos; entonces, el resultado es el fracaso, la cárcel o la muerte.

> Elige a Jesucristo como tu paradigma principal. Él es la base de todo paradigma. Jesucristo es el máximo diseño, Él enriquecerá tu vida.

Solo debes observar paradigmas exitosos; que sus ejemplos te impulsen y te levanten hasta la cima. El paradigma correcto te invita a subir seguro a la cumbre con él. El verdadero y buen paradigma siempre te levanta, jamás te aplasta. Si algo, o alguien te hacen bajar o perder tú nivel existente no es un paradigma confiable.

Un buen paradigma está registrando constantemente, la seguridad, la motivación, la visión y las herramientas para el éxito.

C. Logre lo que otros han logrado

Logros es lo que el éxito verdadero contiene, el éxito está conformado de logros. Es como un gran castillo hecho de ladrillos: es un logro colocar cada día un ladrillo como mínimo. Con el tiempo podrás ver la obra de arte en tu castillo.

Las personas de éxito siempre comenzaron con poco y transformaron lo poco en mucho. Si ya encontraste un paradigma esfuércese por igualarlo, existe una ley que dice: "si un ser humano lo ha hecho, los demás lo podemos hacer". Y es verdad. Si un hombre llegó a la luna lo más lógico es que otros lo puedan hacer. Y más y más seguirán llegando al éxito lunar.

Toda persona tiene las mismas posibilidades mentales, para alcanzar el nivel de éxito de otros. Por supuesto, cada persona de éxito ha pagado el precio de su éxito, como la educación, la buena disciplina, la constancia, la inversión, el proceso, la paciencia, las destrezas y el dominio del hombre emocional.

> Las personas de éxito siempre comenzaron con poco y transformaron lo poco en mucho.

De la misma manera sucede con el desarrollo de las naciones y sus participantes. Si los Estados Unidos de Norte América han logrado ser una potencia desarrollada. Esta nación puede ser nuestro paradigma a seguir e igualar. Podemos imitar sus modelos económicos; sus sistemas educativos, sus sistemas de salud, sus sistemas empresariales, sus principios cristianos, su constitución, sus sistemas incorruptibles en la suprema corte, sus modelos políticos, sus infraestructuras viales, sus recursos energéticos, sus sistemas de control gubernamental y social, Etc.

Si cada nación se dedicará a investigar este tipo de modelos administrativos, fácilmente podrían alcanzar un alto nivel de desarrollo en sus países.

> Debemos convencernos que podemos llegar al nivel que otros han alcanzado.

Debemos convencernos que podemos llegar al nivel que otros han alcanzado. Cuando nuestra mente se programa de esta manera, estamos listos para lograr los niveles alternos y aún superarlos.

D. Supere lo que otros han logrado

Un buen paso inicial en el éxito y la bendición personal es alcanzar lo que otros han logrado. Sin embargo, cuando alcanzamos este nivel, estamos en el escalón, que nos puede elevar y avanzar al siguiente nivel. Entonces, y solo entonces, estamos preparados para superar lo que otros han logrado; todo se puede superar, aún nuestras propias metas.

Nuestro paradigma principal y base de todo paradigma excelente nos dejó el siguiente legado:

"El que cree en mí, las obras que yo hago, él las hará también, y aún mayores hará..." (Juan 14:12)

Nuestros propios límites pueden ser superados. Se ha comprobado generalmente, que cuando un padre prepara bien a sus hijos en sus actitudes, negocios y metas, estos hijos llegan a superarlos.

> Sea un campeón, supere los límites de otros, y aún los tuyos.

Nuestra mente debe asimilar que podemos crecer, especializarnos y superar los niveles y logros que otros han experimentado. Generalmente un campeón llega a campeón, porque analizó, se ejercitó y se preparó para superar a los demás atletas. Esto es seguridad, esto es fe, esto es certeza, de lo que se espera lograr. Sea un campeón, supere los límites de otros, y aún los tuyos. Haz crecer tu diseño personal.

E. El nivel del éxito lo determina Usted

Libérese, ya no compita, no se compare, levántese en su propia visión, y alcance lo que ha soñado.

Un ser libre tiene la capacidad de decidir a dónde llegará. Cuando el ser humano alcanza independencia mental, está listo para colocarse sus propias metas; determinar qué desea, establecer el éxito familiar, espiritual y financiero que anhela.

> Crece, supera tus miedos, actúa con precisión, y aprende a tomar tus propias decisiones.

Cuando el hombre aún no es libre, espera la opinión de otros, se siente subalterno, siempre se consigue un jefe que le ordene lo que debe hacer, tiene miedo de emprender su propio negocio, tiene temor al tomar su propia decisión a la hora de casarse y formar una familia; además, el temor le paraliza al realizar proyectos propios. Crece, supera tus miedos, actúa con precisión, y aprende a tomar tus propias decisiones.

Nuestro máximo paradigma nos enseña:

"Conoceréis la verdad, y la verdad os hará libres"
(Juan 8:32)

F. La luz del conocimiento completo

El conocimiento completo hace la riqueza completa. El conocimiento es clave para superar los miedos, se han hecho estudios de personas que tenían grandes complejos para hablar, aun cuando estaban haciendo sus carreras en la universidad, se sentían inseguros; sin embargo, como si fuera milagroso, el día que se graduaron y recibieron su diploma, sus problemas psicológicos, los temores y complejos desaparecieron; se sintieron profesionales, hablaron de manera diferente, hicieron gestiones empresariales, levantaron edificios, hicieron trabajo social, iniciaron proyectos pastorales, sacaron préstamos, compraron propiedades, y alcanzaron lo que antes no habían imaginado. Reconocer que el conocimiento era certificado, les fortaleció su actitud de éxito.

El conocimiento es la base de toda riqueza. Si una persona desea algo, lo primero que debe hacer es estudiarlo a fondo, esforzarse por adquirir el conocimiento completo de la carrera o profesión que desea emprender. Si deseas tener éxito financiero amplía tu sabiduría e inteligencia financiera. Haz crecer tu diseño profesional.

Lo que se aprende a medias es muy inseguro, peligroso o arruinante. No se puede poner a un aprendiz a manejar un avión, todos los pasajeros y hasta él mismo están en peligro. Así sucede con todo. Conocí un caso de un hombre que supuestamente era constructor, se hizo cargo de construir una estructura en concreto sobresaliente a la entrada de una casa. Al pasar los días al ver que ya había secado la loza o plancha, quiso quitar los soportes. La estructura cayó sobre él y murió.

> Las personas que no saben hacer bien las cosas producen pérdidas.

Hemos tenido casos al contratar personas para hacer arreglos, colocar un piso; por falta de conocimiento y experiencia de estos trabajadores, el trabajo ha quedado mal hecho, y ha tocado volver a quitarlo, el material se perdió, el tiempo pagado también.

Las personas que no saben hacer bien las cosas producen pérdidas. Grandes empresas y hasta naciones enteras han fracasado por colocar a personas inexpertas en la dirección. Las personas sin conocimiento completo, por su incapacidad, inexperiencia e incumplimiento terminan perdiendo la dignidad y nadie las quiere contratar.

El conocimiento completo hace la riqueza completa. Si Ud. quiere ser rico espiritualmente, estudie la Biblia, especialícese en el tema. Si quieres ser una persona rica en trato social estudie relaciones humanas, psicología para que pueda comprender bien a las personas y tener las herramientas para tratar bien a los demás; si deseas ser rico en principios familiares y tener una bella familia, enriquezca su conocimiento sobre cómo tratar con respeto y amor a su pareja y sus hijos.

Si deseas ser rico financieramente, debes especializarte en administración financiera, investigar todas las formas posibles para producir riquezas de manera correcta. Si deseas ser un deportista y llegar a ser un campeón, debes estudiar hasta lograr todos los recursos mentales y disciplinarios, que requiere la formación de un campeón. Todo éxito se alcanza con el conocimiento completo de la carrera que elegimos correr en la vida.

> Todo éxito se alcanza con el conocimiento completo de la carrera que elegimos correr en la vida.

G. Fortalezas del equilibrio integral

El conocimiento completo debe llevar contenidos equilibrados, como son especialización en valores humanos, valores empresariales, valores económicos y valores espirituales: esto hará un hombre con éxito integral. De nada sirve tener un inmenso amor por el dinero, si los valores morales y espirituales no rigen la administración financiera.

Generalmente las personas que se dedican a mentalizarse y concentrarse en dinero caen en avaricia, delincuencia, atropellan a sus semejantes; a tal grado, que llegan hasta asesinar a otros por amor al dinero, el amor a lo material es la gran idolatría humana. Casi siempre estos insaciables económicos terminan en la cárcel o muertos.

Dibujemos a un hombre equilibrado con riquezas completas y equilibradas. He conocido a muchos ricos integrales, se conocen por ser buena gente, son buenos padres, buenos esposos, buenos amigos, buenos compañeros de carrera, buenos administradores, buenos gestores de proyectos, buenos administradores financieros, buenos y generosos con Dios y los demás.

Un hombre rico integralmente tiene valores familiares, ama su familia y es fiel a ella; tiene valores espirituales ama a Dios y sus principios. Tiene valores sociales, ama su iglesia, y comparte los momentos felices de sus amigos. Ama su profesión y sus sistemas productivos, bien sea su estudio, trabajo, su negocio, empresa, inversiones, y sistemas laborales y a sus colaboradores.

Muchos conferencistas motivacionales han impulsado multitudes a alcanzar grandes logros sin herramientas. Las herramientas del conocimiento son la base de la verdadera motivación y el equilibrio.

Una motivación sin conocimiento no es verdadera motivación. Es atentar contra las personas y llevarlas al ánimo de hacer lo que no saben. Alguien dijo: "Cuando uno motiva personas sin conocimiento, sencillamente tiene un grupo de tontos motivados que no llegarán a ninguna parte".

Lo mejor que podemos hacer es impartir conocimiento; de tal manera, que la motivación sea sólida, constante, y que alcance grandes resultados. El conocimiento completo produce la verdadera motivación; pues, es la garantía que haremos bien las cosas.

Si el conocimiento nos hace libres. Tomemos la actitud de amar la educación, la investigación, la lectura, el diplomado, la especialización, el doctorado. Cada conocimiento nuevo es una herramienta más para el éxito de la vida. Estudiemos, especialicémonos, tomemos el volante y levantemos el avión a las alturas que deseemos llegar, con equilibrio.

> Cada conocimiento nuevo es una herramienta más para el éxito de la vida.

H. Fortalezas de un hombre superior

Cuando el ser interior crece, es porque el conocimiento crece, las motivaciones crecen, el creer crece y la acción crece; los sueños y las metas crecen, entonces nos convertimos en personas superiores. Toda persona debe anhelar ser superior. Superar sus complejos y alcanzar los conocimientos y las estrategias que lo conviertan en un ser superior.

Un hombre superior se puede identificar como el mejor de lo mejor. En las muchas historias que he leído encontré la de un hombre que vivió en el siglo VI antes de Cristo, se conoce como un hombre de espíritu superior, muy sabio en letras y en ciencias en la nación de Babilonia, y un especializado en sueños y visiones de Dios. Siendo muy joven fue llevado cautivo a aquella región, fue seleccionado para estudiar la lengua, las ciencias y las letras de los Caldeos. Al pasar de los años, cuando llegó la hora de la evaluación del rey, éste rey quedó asombrado, al ver que el joven era diez veces mejor que los sabios del reino. Había alcanzado la mente del hombre superior.

Dentro de sus dones superiores era entendido en visiones de Dios, en una ocasión el rey tuvo un sueño y se confundió y lo olvidó. Llamó a sus sabios para que le revelaran el sueño, y le dieran la interpretación; sin embargo, ningún sabio, ni astrólogo, ni adivino, ni mago pudo darle respuesta. El rey determinó dar muerte a todos sus sabios impostores. Pero el joven superior aparece y pide tres días para consultar a Dios, y asegura que en este tiempo Dios le dará la revelación del sueño y aún la interpretación.

> Un hombre superior se puede identificar como el mejor de lo mejor.

Al pasar los tres días, el joven superior aparece exactamente con el sueño y con cada detalle sin faltar ninguno; pero lo más extraordinario es que también trae la interpretación; esta interpretación contiene de manera asombrosa la historia profética y futura de la humanidad.

Parece un cuento fantástico, pero es real; tal como el hombre superior, hizo la narración y su interpretación, le sucedió al mundo; ilustrando y dibujando la historia de cada reino y la historia de aquellas naciones. Todavía seguimos viendo cómo se continúan cumpliendo las revelaciones proféticas de aquel sueño.

Pasó el tiempo y un día este reino cayó. Vino otro rey Medo Persa, a reinar y notó algo en este reino había un hombre con espíritu superior, una vez más, el hombre con espíritu superior no se podía ocultar. Al organizar su gobierno nombró tres ministros sobre su Senado de ciento veinte sátrapas. Y aún pensó poner al hombre de espíritu superior sobre los tres ministros. Pues en el hombre de espíritu superior no había, tacha, ni vicio.

Una pregunta sería, ¿Por qué este hombre era superior? Una de las fortalezas sobresalientes del hombre superior era su gran disciplina. Cuando llegó a Babilonia decidió tener una dieta saludable, decidió no comer la dieta que el rey les imponía. Su disciplina de vida lo mantuvo más sano, y más inteligente que los demás,

Otra gran acción sobresaliente era su disciplina educativa. Todos los que hemos podido disfrutar del ambiente escolar y universitario sabemos que una buena disciplina nos ayuda a alcanzar las mejores notas y los mejores promedios, y graduarnos con los más grandes honores, y hasta alcanzar los beneficios de las becas por los excelentes logros.

> Una de las fortalezas sobresalientes del hombre superior era su gran disciplina.

Otra de las grandes virtudes del hombre superior eran las buenas relaciones con los demás, nunca se dice que fuera imprudente o chocante, siempre fue respetuoso con los reyes que le tocó relacionarse; por el contrario los reyes de su época lo admiraron por su ejemplo y cualidades superiores sobresalientes, el hombre superior era una bendición para todos. Dentro de sus disciplinas de vida estaba su carrera administrativa en ciencias políticas, su espíritu superior le permitió escalar hasta alcanzar el nivel máximo como el mejor ministro de Babilonia.

I. El tesoro de la buena disciplina

En la carrera de la vida, la buena disciplina siempre termina ganándole a la sabiduría y a la inteligencia, aunque es parte de ellas.

Veamos la disciplina máxima. La buena disciplina más importante y fundamental de la vida. El hombre superior tenía durante su diario vivir una poderosa disciplina espiritual. ¿Sabía Usted que la base de la vida y del éxito verdadero está en la disciplina espiritual? Podemos tener la mejor salud; podemos tener los mejores amigos; podemos tener grandes cuentas de dinero en los bancos. Pero en el día de la crisis humana, solo la ayuda y fortaleza de Dios nos pueden sacar adelante en victoria.

> En la carrera de la vida, la buena disciplina siempre termina ganándole a la sabiduría y a la inteligencia, aunque es parte de ellas.

Además, en el diario vivir solo la bendición de Dios y sus principios, pueden hacer que todo tenga estabilidad y constante éxito. Los principios espirituales hacen familias sólidas en armonía y permanentes. Los principios espirituales hacen amistades y relaciones eternas; además, los valores espirituales hacen empresas seguras para sus fundadores, socios y trabajadores; los fundamentos espirituales hacen que las economías sean administradas con principios y valores sólidos, los cuales permitirán su permanencia y crecimiento.

J. El máximo recurso

Cuando se planean proyectos se deben tener en cuenta cinco recursos válidos necesarios y fundamentales (y aun seis). Si llega a faltar un elemento de estos el proyecto no funcionará correctamente.

Veamos los cinco recursos: recursos humanos, recursos técnicos, recursos materiales, recursos financieros y recursos legales. Esta es la base de la administración de recursos. Sin embargo, muchas veces los proyectos fracasan porque nunca la universidad plantea los recursos espirituales. Y a este lo llamo el sexto recurso, el máximo recurso.

Los recursos espirituales tienen mucho que ver con el marco legal divino. Tenga a Dios como el Señor y salvador de su vida, familia y proyectos; haga las cosas como Jesús las haría, viva de acuerdo con los principios divinos, trate con amor y respeto a la familia, "honra a tu padre y a tu madre", haz que tus trabajadores descansen un día a la semana, no cometerás adulterio, ni sexual, ni financiero; no Hurtarás, vamos a pagar lo correcto a nuestros trabajadores, no desearás los bienes ajenos. Aunque la competencia sea desleal, tú no lo harás; porque tú eres un hombre superior.

El hombre superior de nuestro relato permaneció como setenta años en la administración pública de Babilonia. Sin embargo, un día la competencia y la inmoralidad política le puso una trampa. Puso una ley que atacaba sus valores espirituales. Esto lo llevó a la más peligrosa crisis de su vida. Fue condenado a un foso de leones hambrientos; sin embargo, el hombre superior no solamente era admirado y valorados por los reyes y amigos verdaderos; también tenía una imagen de hombre superior delante de su Creador; lo cual, le hacía ser un hombre muy amado por Dios.

Los leones lo calentaron aquella noche, al amanecer el Rey Darío, pregunto: ¿Amigo, el Dios tuyo te ha podido librar de los leones? El hombre superior le respondió: cómo, efectivamente, el Dios Creador de los cielos y la tierra, le había podido librar de las garras y fauces de los hambrientos leones.

Al ver la trampa de sus inmorales políticos el Rey los envió al foso de los leones, y antes que tocaran tierra estos malos gobernantes, los leones se lanzaron, los despedazaron y los devoraron.

La base de toda bendición y protección de la vida, la familia y los proyectos, proviene de las manos de Dios. Un hombre superior tiene grandes valores espirituales.

La base de toda bendición y protección de la vida, la familia y los proyectos, proviene de las manos de Dios.

K. Los grandes sueños forman una poderosa visión

Al percibir el poder de los grandes valores espirituales, entonces podemos descubrir y afirmar, que los grandes sueños y proyectos de la vida son generados por la visión maravillosa de Dios en nosotros. Le narraré otra historia más.

Se dice que en las antiguas tierras de Palestina vivía una familia sencilla, constituida por un hombre y cuatro esposas y doce hijos. Esta numerosa familia se sustentaba de su pequeña empresa agrícola y ovejuna. Esta familia tenía algo peculiar tenía dos muchachos hijos menores de la mujer amada del señor; esto hacía que estos chicos fueran más consentidos por su padre; y esto, por supuesto, producía gran rivalidad con los demás hermanos que eran carentes de valores y con mala reputación por sus malas acciones.

Un día el joven adolescente de diecisiete años resultó con algo que produciría la rivalidad más grande y haría

> Los grandes sueños y proyectos de la vida son generados por la visión maravillosa de Dios en nosotros.

crecer la envenenada envidia de sus hermanos. El joven adolescente había tenido un sueño.

El sueño contenía algunos sucesos muy significativos para aquellos expertos en entender sueños. El joven adolescente tenía un gran manojo de trigo en sus brazos, y mientras lo abrazaba este manojo se erguía, se levantaba próspero y reinante; pero a la vez, los hermanos tenían también manojos similares en sus brazos, pero con la gran diferencia que se inclinaban ante el manojo erguido y triunfante de su hermano menor.

Esto produjo el gran escándalo de la familia. ¡Cómo podemos permitir y pensar que este débil hermano nuestro va reinar sobre nosotros! y le tenían gran envidia. Quisiera hacerte una pregunta: ¿Cómo te Imaginas tu manojo de trigo?

Analicemos el sueño. Si queremos llegar a lo mucho, debemos comprender que Dios tiene grandes propósitos para nuestra vida. Ya lo mucho está programado, esta visualizado en los planes de un Dios rico y Creador de un rico universo procedente de Él, y quiere revelar estos planes a tu vida.

Estoy en desacuerdo creer que el Dios maravilloso que creó un universo maravilloso para sus hijos, ahora no lo quiera compartir con ellos. Todo lo creado, Dios vio que era bueno en gran manera, para entregárselo al hombre. Dios lo hizo todo para el bien de sus hijos, y lo quiere compartir con Ud. Le dije anteriormente que amor es hacer el bien a todos. La creación de Dios es un proyecto divino que conserva la vida con todos sus componentes. Todo lo hizo bien para todos, esto es amor de Dios. Y ahora lo quiere compartir con todos, con usted y conmigo.

Veamos lo que plantean las Sagradas Escrituras, al respecto:

"Y creó Dios al hombre a imagen de Dios lo creó, varón y hembra los creó". (Génesis 1:27)

"Y los bendijo Dios, y les dijo: Creced, y multiplicaos, y llenad la tierra, y sojuzgadla, y señoread sobre los peces del mar, sobre las aves de la tierra y sobre las bestias del campo". (Génesis 1:28)

Dios creó un mundo perfecto, con condiciones perfectas para la vida. Con cada diseño independiente se formó el diseño del universo, perfecto y completo, para proteger y mantener la vida.

Toda la sabiduría e inteligencia del Dios creador estaba en cada diseño y en cada detalle del universo. Hizo este rico mundo perfecto y se lo entregó al hombre. Hizo al hombre señor de todo; además, le hizo un bello Paraíso, llamado Edén, que quiere decir "Delicia". El paraíso tenía cuatro ríos, ricos en recursos, y uno de ellos era rico en oro. Dios puso al hombre como el señor de todo el bello planeta, con su hermoso Paraíso. (Si desea profundizar más sobre este tema puede consultar mi libro "El Diseño de Dios")

Hagamos un análisis de todo esto. Podemos afirmar que Dios es bueno. Podemos identificar que en ningún momento es egoísta con el hombre y está dispuesto a compartir lo mejor de la creación con el hombre sabio e inteligente, hecho a su imagen; además, podemos ver a un Dios extremadamente rico, que crea cosas extraordinarias para enriquecer a su ser hecho a su semejanza. Ahora, como sus hijos con gozo disfrutemos lo mejor de la vida.

Uno de sus apóstoles experimentados en andar con Dios y disfrutar de su amor, afirma:

"El que no escatimó ni a su propio Hijo, sino que lo dio por todos nosotros. ¿Cómo no nos dará con él todas las cosas? (Romanos 8:32)"

Este experimentado hombre en ciencias divinas, hace una pregunta retórica de lógica, que no se le puede echar abajo. Lo que está afirmando es que el Hijo de Dios, entregó su vida para salvar la humanidad. ¿Acaso hay algo más valioso que la vida? Esto es real, los sabios llegamos a la conclusión que lo más valioso, y la riqueza más grande que un ser humano pueda tener es su vida. Sin vida no hay nada, así el cajón fúnebre sea de oro.

El analista nos pregunta: ¿Si Dios nos dio a su Hijo, habrá algo más valioso que un hijo amado? ¿Sería algo importante darnos lo demás, si ya nos dio su hijo? ¿Nos negará las demás cosas?

Entonces concluimos que Dios tiene programado bendecirnos por medio de su Hijo, y darnos lo mejor. Dios es amor.

El mismo apóstol experimentado en riquezas espirituales, afirma:

"Cosas que ojo no vio, ni oído oyó, ni han llegado al corazón del hombre, son las que Dios ha preparado para los que le aman". (1 Corintios 2:9)

Esta afirmación nos puede llevar a una percepción que probablemente nunca hemos tenido. Hay cosas extraordinarias, programadas para nuestro futuro. Lo mejor está programado; esta profetizado que en lo mucho te pondré.

Según la visión amorosa y sobrenatural del Dios creador, para sus hijos amados, que lo aman, Su visión y sueños contienen lo mejor de la vida.

L. El poder de tus sueños

Entonces, volvamos al relato del joven adolescente hebreo que nos quedó pendiente. El Joven Adolescente ha tenido un sueño de parte del Dios de las revelaciones. Sus hermanos están muy consternados ¡No puede ser! ¡Este hermano nuestro no puede llegar a ser superior a nosotros!

Lo más asombroso es que días después el Joven adolescente se levanta soñoliento, y afirma: He tenido otro sueño. Soñé que estaba caminando por las alturas; caminaba sobre once estrellas y aún sobre la luna y el sol. Si hubiera sido en nuestra época los hermanos hubieran dicho: que bueno nuestro hermano va a ser astronauta; sin embargo, para ese momento no era visto así. Sencillamente nuestro hermano va a ser un hombre superior, nos va superar a todos incluyendo aún a nuestra madre y a nuestro padre. Hasta el padre se sintió confundido y lo reprendió por tener semejantes sueños, y afirmar semejantes cosas.

Sin embargo, los sueños seguían taladrando el corazón de los hermanos, mientras que el joven adolescente alardeaba con alegría que Dios había programado lo más extraordinario para él. El Dios que lo amaba haría cosas, que sus hermanos no podían percibir con sus ojos, ni podían penetrar en sus oídos, y ni siquiera podían llegar al corazón de su padre.

Así es la realidad del hombre, unos logran ver, y oír los planes divinos, y llegan a amarlos con todo el corazón; otros sin embargo, al escuchar todas estas afirmaciones los confunden, y llegan a creer que el soñador de cosas extraordinarias de parte de Dios está loco.

Has tenido experiencias de contarles a tus amigos acerca de planes, o cualquier proyecto que quieres hacer. Y como respuesta te das cuenta que todos los argumentos son negativos y que sencillamente no creen en tus sueños. Al leer este libro estás demostrando que eres una persona superior, que las revelaciones de los grandes sueños de Dios están naciendo dentro de ti.

El mundo está lleno de gente negativa, que dice: tú no vas a poder, no tienes con qué, nunca ninguno de nosotros lo ha hecho, nadie lo ha logrado. Los grandes sueños quedan pisoteados por una serie de opiniones, sin conocimiento y llenas de temores.

Los hermanos del joven adolescente llegaron al extremo, decidieron matar a su hermano. La afirmación fue: "si lo matamos que será de sus sueños". Podríamos afirmar que cuando Ud. Tiene sueños superiores y avanzados los demás se sienten amenazados; sienten que su integridad, su puesto, su poder, su honra, su economía, y su vida, pueden estar en peligro.

De pronto su hermano mayor reaccionó y dijo: "No está bien que lo matemos pues es nuestro hermano. Mejor vendámoslo como esclavo y así acabamos con sus sueños". Y así lo hicieron. Lo vendieron como esclavo, a sus primos mercaderes. Tenga en cuenta esto: a veces hay circunstancias que parecen adversas, pero son los carruajes de Dios que te llevan al éxito.

Los sueños de Dios permanecen vivos. Los sueños de los hombres fracasan, han muerto hace mucho tiempo, pero los sueños de Dios permanecen.

Un día mientras daba una conferencia en los grados de la Universidad Teológica. Dios me inspiró con una frase, y se la quiero compartir: "Dios tiene grandes cosas para sus hijos, pero solo las logran ver los que se preparan". Lo mejor está programado. Ahora te corresponde estudiar, prepararte intelectualmente, espiritualmente, socialmente. Dedica cinco años y haz la carrera que enriquecerá tus sueños. Serás lo que quieras ser. Especialízate en lo que quieras ser. Hazlo con amor.

Tal vez te estás preguntando: ¿Qué pasó con el joven adolescente? El Joven adolescente fue convertido en esclavo; sin embargo, Dios estaba con él y todo lo que hacía el Señor del universo lo hacía prosperar en su mano. Fue llevado a Egipto y allí lo compró uno de los generales del Faraón. El joven adolescente bendijo al egipcio y lo enriqueció con la bendición de Dios que él portaba. Él era una bendición donde quiera que iba.

> "Dios tiene grandes cosas para sus hijos, pero solo las logran ver los que se preparan".

El joven adolescente tuvo que enfrentar desafíos, dentro de ellos la vergüenza de la deshonra. La esposa del general trató de seducirlo, y por negarse esta mujer lo calumnió, como un abusador que había tratado de deshonrarla. El joven adolescente fue a la cárcel, y allí siguió siendo bendición; recuerda que los sueños de Dios siempre se mantienen vivos esperando el momento para manifestarse.

Pasaron más de dos años y un día el Faraón tuvo un sueño. Amaneció preguntando el significado de su sueño a sus sabios y ninguno pudo dar su interpretación.

Dos años atrás el copero había estado en la cárcel y junto a un panadero, tuvieron un sueño cada uno. El joven hebreo los notó algo frustrados por sus sueños y les dio la interpretación; así sucedió, el panadero fue ahorcado, y el copero feliz volvió a servir la copa del rey Faraón. Ahora el copero recuerda el valioso acontecimiento y le comenta al Faraón como el joven adolescente era un experto intérprete de sueños de parte de Dios.

El Faraón mandó inmediatamente traer al joven el cual efectivamente le interpretó los sueños; y a la vez, le dio la estrategia cómo salvar a los egipcios.

Vendrían siete años de abundante productividad y siete años de peligrosa hambre. El Joven le dijo al Faraón: Consigue oh rey a un hombre que recoja el veinte por ciento de la producción y la coloque en almacenamientos para los años de hambre, y así, la tierra de Egipto no perecerá.

El Faraón analizó, y descubrió que no había otro hombre tan sabio y que tuviera el Espíritu de Dios como aquel Joven (ya no era un adolescente, ahora tenía treinta años). Y así la historia de un joven

> Los sueños de Dios siempre se mantienen vivos esperando el momento para manifestarse.

programada por Dios y revelada en grandes sueños, se volvió realidad; el Rey Faraón nombró al Joven como el señor de la tierra de Egipto. Ahora el joven tenía el poder y la autoridad del primer Ministro de Hacienda y Economía de Egipto. Ahora tenía el manojo de trigo en sus brazos, y la humanidad comía por su administración.

M.La conquista del liderazgo

Manojos de trigo inclinados hacia él.

Pasaron más de siete años, y un día aparecieron diez pobres hombres hambrientos buscando comprar un poco de grano de trigo para comer y no morir de hambre. Aquellos hombres con sus pobres burros eran aquellos mismos que veinte años atrás habían vendido a su hermano; y además, le habían mentido a su padre, llevando la túnica de su hermano untada de sangre y afirmando que una fiera lo había devorado. Haciendo sufrir a su padre el dolor de la muerte de su hijo.

Ahora estaban allí, sin saber que los sueños de Dios siempre permanecen vivos a pesar de los malvados. Cuando vieron al príncipe de Egipto se inclinaron ante él y pidieron misericordia y pan para sus familias. El joven ya no era un adolescente, ahora él era el señor de la tierra.

Irreconocible por su porte y su revestimiento de autoridad. El señor de la tierra estaba conmovido. Sus hermanos como manojos de trigo se inclinaban delante de él. Tal vez en su noble corazón, deseó que el sueño no hubiera sido así. Pero, así siempre es la vida para los buenos y también así siempre terminan los malos.

N. La conquista de un nivel superior

Caminar sobre las estrellas.

Ahora podía ver como se habían cumplido una parte de sus sueños. Dentro de los planes divinos estaba programado caminar sobre las estrellas. Ahora el señor de la tierra vería también a su padre; y su padre lo vería caminar en las alturas que Dios había programado para él.

Con los días el señor de la tierra se dio a conocer a sus hermanos, los cuales se tragaron la muerte en vida. Creían que su hermano se vengaría de ellos, y les daría el pago de sus malas acciones; sin embargo, el señor de la tierra los perdonó con misericordia; revelándoles que esto era parte de los planes de Dios, llevarlo a Egipto para cumplir sus propósitos y salvar al mundo de ese momento.

Su padre al saber semejante maravillosa noticia viajó a Egipto y vivió allí junto al señor de la tierra, y a sus nietos; pues el señor de la tierra ya se había casado, tenía una bella esposa y dos bellos príncipes.

Era un nuevo momento. Podía superar el nivel de las estrellas. Mientras él era un joven adolescente, en su casa era menor que todos. Dios había programado que un día estaría por sobre su padre y sus hermanos. Y así sucedió. "Ahora era el señor de la tierra".

Todo lo que Dios ha programado, siempre se cumple. Permita que los sueños de Dios se lleven a cabo. Él ha profetizado: "en lo mucho te pondré".

Muchas personas a veces se te oponen, te tratan de desanimar, te murmuran, te difaman; pero nada puede impedir que los planes de Dios se lleven a

> Todo lo que Dios ha programado, siempre se cumple.

cabo. Sea fiel en lo poco, siempre se comienza con poco, lo poco se vuelve mucho en las manos de un hombre sabio, y bendecido por Dios. Recuerda Dios te dice: "En lo mucho te pondré".

O. Nivela tus sueños a los de tu Creador

En la medida que trates de nivelar tus sueños a los de tu Creador, te darás cuenta que tus sueños son pequeños, comparados con los sueños de Dios. El gran problema del hombre es que le cuesta trabajo creer en las grandes cosas que Dios ha programado, y puede hacer con él.

Los hermanos del joven adolescente nunca tuvieron sueños, sus sueños eran como los de los demás, hacer maldades. El hermano mayor se acostó con su madrastra, y un día cuatro de ellos asaltaron un pueblo débil y los mataron a todos, su conducta con el joven adolescente demostró sus temores y lo limitados que eran en la visión de sus vidas.

Los sueños de Dios te mantienen con vida. El joven adolescente, logró creer, y vivir de acuerdo con los sueños de Dios, y convertirse en un Joven Superior; aunque las fuerzas adversarias se levantaron contra él. El siempre salió avante, siempre logró la victoria.

> Los sueños de Dios te mantienen con vida.

Cuando eres una bendición en la tierra, Dios trabaja contigo, Dios pelea por ti, Dios te da la victoria. Y aunque no sea por competencia terminas superando a los demás.

P. El verdadero origen de tus riquezas

Dios te da la fuerza y la sabiduría para hacer las riquezas.

Te has hecho la pregunta porqué eres sabio e inteligente. ¿Quién te hizo con esa capacidad de sabiduría e inteligencia? Y la otra gran pregunta: ¿Para qué te hizo sabio e inteligente? ¿Será para que otros te manipulen, te usen, y te empobrezcan? Cuando no entendemos quienes somos. Es muy posible que otros se aprovechen de esta situación y te llenen de odio el corazón, te conviertan en un tira piedra en las calles de las ciudades del mundo; y hasta en una víctima con una bomba alrededor de tu cuerpo. Dejando triste a una madre, a una esposa y huérfanos a unos hijos. Y todo porque no sabemos quiénes somos, ni para que existimos.

Tú eres la persona más inteligente y sabia del universo. Así te creó el Dios sabio que formó el universo perfecto para la vida. Y nos dio la capacidad de crear nuevas formas para mejorar nuestra calidad de vida y la de los que nos acompañan, en esta bella carrera de éxito que es la vida. No permitas que nadie te manipule, no permitas que nadie destruya tu vida; para sacar el beneficio para él, mientras tú mueres en el fracaso y la pobreza.

> Tú eres la persona más inteligente y sabia del universo.

Conozco de un hombre en un país Latinoamericano que todo el tiempo anda sembrando odio contra el

Estado. Levanta revueltas, muchos mueren cada vez que salen a lanzar piedras y bombas por las calles. Un día hubo elecciones, casi lo colocan de presidente al sembrador de odio. El sembrador de odio sacó más de ocho millones de votos. El Estado le dio más de cuarenta millones de dólares; pues en ese país dan cinco dólares aproximadamente por cada voto.

Estos cuarenta millones de dólares son el fruto de la campaña de odio. La gente pobre se ha dejado convencer del sembrador de odio, pero este personaje nunca les da nada. Solo los usa para mantener el negocio del odio. Sus seguidores siempre serán pobres. La promesa es que se le debe quitar el dinero a los ricos y darlo a los pobres. Pero él no les da nada a los pobres que votan por él, mientras que él si se hace rico.

Al hacer un análisis económico se llega a la conclusión que si se le quitara el dinero a los ricos y se lo dieran a los pobres, todos quedaríamos pobres; sin embargo los ricos volverían a montar empresas, negocios, bancos y al año siguiente los pobres seguirían pobres y los ricos volverían a ser ricos.

La riqueza no está en la riqueza. La riqueza está en la inteligencia para hacer riquezas. Puede haber minas de oro o de diamantes, o esmeraldas o petróleo debajo de nuestros pies. Pero si no hay hombres sabios, el oro, el petróleo, los diamantes las esmeraldas, se quedan enterradas; podemos dedicarnos a contar cuentos mientras caminamos sobre las riquezas. Las riquezas se vuelven riquezas cuando llegan a las manos de hombres sabios e inteligentes.

Un hombre sabio e inteligente busca el oro, mete un barreno en las profundidades de la tierra y saca el gas o el petróleo. Un hombre sabio e inteligente estudia cómo hacer riquezas, pide asesoría de hombres sabios, pide a Dios con humildad que le ilumine su camino. Un hombre sabio e inteligente tiene el equilibrio necesario para amar a Dios, amar a su familia, amar sus estudios, amar su comunidad, amar sus negocios y empresas. Esto es sabiduría e inteligencia financiera.

> Las riquezas se vuelven riquezas cuando llegan a las manos de hombres sabios e inteligentes.

Q. El mapa mental. Construcción sobre la roca

El hombre inteligente tiene un mapa mental donde incluye estas cinco riquezas: Dios, familia, estudio, comunidad, empresa. Todas estas áreas son las más importantes riquezas para el hombre sabio e inteligente. Todas estas áreas deben estar protegidas, y fortalecidas cada día. El hombre sabio sabe que cada área tiene principios y valores que cuidar. Los valores hacen que cada área esté fundada sobre principios sólidos.

Mi paradigma por excelencia, enseñó cómo fundamentar las cinco áreas básicas de las riquezas y el éxito. Después de dar un discurso de leyes para fundamentar su Reino, dijo:

"Cualquiera pues, que me oye estas palabras y las hace, le compararé a un hombre prudente; que edificó su casa sobre la roca; descendieron lluvias, y vinieron ríos, y soplaron vientos, y su casa no cayó porque estaba fundada sobre la roca.

Cualquiera pues, que me oye estas palabras, y no las hace; le compararé a un hombre insensato que edificó su casa sobre la arena; descendieron lluvias, y vinieron ríos, y soplaron vientos, y dieron con ímpetu contra aquella casa, y cayó, y fue grande su ruina" *(Mateo 7:24-27)*

Analicemos donde estuvo la diferencia. Ambos hicieron inversiones, ambos trabajaron por la protección del inmueble, ambos se sintieron orgullosos de sus logros. Ambos reunieron sus familias e inauguraron sus casas. Veamos algo importante dentro del análisis: las empresas no serán fáciles, la vida de éxito no es fácil, los negocios tienen desafíos, las familias enfrentan vientos, la salud debe cuidarse, las cinco riquezas de la vida deben estar seguras.

> El hombre sabio sabe que cada área tiene principios y valores que cuidar.

¿Sobre qué principios tienes fundamentada tu vida? Recuerde que fundamentar todo sobre principios nos mantendrá seguros. Nos mantendrá sobre la roca. He tenido la disciplina del trabajo desde muy adolescente. Como a los diez y seis años tuve la oportunidad de conocer al dueño de una compañía muy exitosa. Esta gran señor tenía siete carros uno para cada día de la semana, con colores que rimaran con el traje de cada día; él podía fácilmente ir a un distribuidor de carros y comprar uno con una tarjeta de crédito. Su compañía era realmente exitosa.

Pero un día sucedió algo que me dejó una gran lección. El gran señorón estaba sobre la arena; su carácter y principios no estaban preparados para el éxito; aunque ya era viejo. Tomó la decisión de dejar a su esposa e hijos, y enamorarse de nuevo. Como en mi país, para ese tiempo no había divorcio, fue al país vecino y se casó con una mujer mucho más joven que él. Como era un hombre de negocios, alquiló un avión y llevó en avión privado a todos sus amigos comerciantes para mostrarles el acto heroico. Después de la boda voló a Tokio de luna de miel, y estuvo allí más de quince días.

Cuando regresó feliz de sus aventuras seniles, su contador lo estaba esperando, y le dijo: He hecho un análisis financiero de su compañía. El hombre que se había vuelto joven en su vejez creía que le iban a dar buenas noticias; sin embargo, se llevó la gran sorpresa de su vida. El asesor financiero continuó: lo que pasa es que la empresa está en banca rota. En este momento las cuentas por pagar superan diez veces el capital existente. Ud. ha gastado demasiado dinero en este año y ha consumido su capital y el de otros.

La noticia lo llenó de preocupación. No sabía qué hacer. Le pidió asesoría a un brujo estafador que le ayudara con artes mágicas para salir de la ruina en que estaba; el brujo le puso un diablo en la puerta de la oficina. Y mientras laborábamos en la planta de producción nos llegó la mala noticia: "El jefe se acaba de envenenar y está muerto en su oficina". Hasta ese día hubo trabajo, allí.

El ejemplo es real. Cuando la vida está sobre la arena movediza en cualquier momento se puede derrumbar. Todos tenemos que enfrentar vientos. Todos debemos enfrentar lluvias, todos nos toca enfrentar ríos. La diferencia está en cómo estamos fundamentados. Si fundamentamos nuestra vida en principios divinos y valores reales, nada nos podrá derribar.

> La idea no es crear un viento pasajero.
> Lo importante es que tus logros sean firmes y constantes.

"En lo mucho te pondré", tiene el gran propósito que tengas un éxito integral. La idea no es crear un viento pasajero. Lo importante es que tus logros sean firmes y constantes. La idea es que determines una cosa y te sea firme. Que nada te derribe, que nada desbarate tu futuro y el desgaste de tu vida se pierda como el agua entre los dedos. Lo importante es que llegues a la meta de "En lo mucho te pondré"

R. Solidez, ante todo

Tengamos solidez en todo lo que emprendamos. Está comprobado que el que quiere enriquecerse rápido cae en muchos males. Puede caer en la delincuencia, puede ser usado por gente sin principios, sin escrúpulos y ser llevado a delinquir. Cometer hasta asesinatos, hurtos; meterse en movimientos impuros, trata de blancas, tráfico de drogas, de niños, de órganos, y muchas cosas inmorales, y criminales. Todo este tipo de actividades generalmente conducen a la deshonra, a la cárcel o a la muerte.

He visto hombres que estuvieron en negocios ilícitos, (estoy seguro de que Ud. También los ha visto en noticias) Trabajaron en sus negocios ilícitos diez años y al final terminaron muertos, otros pagando condenas de ciento treinta años y dos cadenas perpetuas.

Realmente, fue un mal negocio. Se quedó sin familia, sus mansiones con grifos de oro fueron confiscadas y nada pudo disfrutar, ni aun su familia. Se quedó sin amigos, nadie le va a visitar a la cárcel, se quedó sin poder, ya nadie da un centavo por él. Fue un mal negocio.

Todo se puede hacer dentro de las vías correctas, dentro de la ley correcta.

Dentro de un marco legal correcto, se paga a cada uno lo correcto, se pagan los impuestos correctos, se da a cada uno lo correcto. "Dadle a Cesar lo que es de Cesar, y a Dios lo que es de Dios". (Mateo 22:21) Todo debe estar protegido por la ley. De esta manera descubrirás que lo que se hace bien, te lleva a lo excelente. Si eres fiel en lo poco disfrutarás de lo mucho. Recuerda que todo tiene un principio divino. Dios nos da la sabiduría y la inteligencia, y el poder para hacer las riquezas.

S. El tesoro de tu autoestima

Supera tu autoestima. Todos tenemos autoestima personal, y todos podemos superarla. La Autoestima es aquel valor que nos tenemos, así mismos. Cuando valoramos nuestra salud y la cuidamos, hacemos ejercicio, comemos saludable, vamos al médico mínimo una vez al año, valoramos la vida presente y eterna. Valoramos aquello que nos da alegría, bienestar, prosperidad, seguridad presente y eterna. Valoramos nuestra capacitación y el embellecimiento de nuestra personalidad, encontramos el tesoro de la autoestima.

Nuestra impecabilidad nos ayuda en nuestra autoestima, algo tan sencillo como lavarnos la boca al levantarnos, al salir a la sala de juntas, cuando vamos a ver clientes o proveedores, y al acostarnos. Es increíble como una pequeñez como esta nos puede dar mayor seguridad.

El buen vestir es clave en la superación de la autoestima. Es por esta razón que compañías han optado por uniformar de manera impecable a sus trabajadores. Las fuerzas armadas se sienten llenas de valor y autoridad por su uniforme y por sus insignias. En una ocasión hice un viaje a Asia con mi hija Cindy, algo que me llamó la atención fue la elegancia de los auxiliares de vuelo y el excelente servicio de la compañía aérea; ellos engrandecían su país con su servicio e impecabilidad. De la misma forma un buen ejecutivo debe vestirse como lo que es, un ejecutivo. Esto le ayudará en su seguridad y en su gestión empresarial.

> Un buen ejecutivo debe vestirse como lo que es, un ejecutivo.

El buen perfume. Algo que todo ejecutivo o representante de ventas debería tener en cuenta, es su buen perfume. El mal aliento y un mal olor en el ambiente siempre rompe la comunicación; de la misma manera, un buen perfume puede crear un ambiente más adecuado y seguro a nivel de autoestima y gestión empresarial.

Nada de Orgullo. Algunas veces se ha confundido la altivez y la humillación a otros con autoestima; por el contrario, cuando se da este tipo de conducta es porque se carece de autoestima, y se tiene que apoyar en la humillación a maltrato de subalternos. La verdadera autoestima es el valor que tienes internamente de ti mismo. Las personas con grandes valores de sí mismos, les dan grandes valores a los demás.

> Las personas con grandes valores de sí mismos, les dan grandes valores a los demás.

Recuerda:

"Así que todas las cosas que queráis que los hombres hagan con vosotros, así también haced vosotros con ellos". (Mateo 7:12)

La sencillez es la madre de las buenas relaciones humanas. Una buena autoestima nos convierte en personas de grandes valores hacia los demás.

T. Un destino bendecido

Destruye la maldición del mal destino. Un mito que debemos destruir es creer que estamos destinados para el fracaso. Nadie está destinado para fracasar: el éxito y la bendición de Dios están disponibles para todos. Destruye la maldición del mal destino.

El destino lo dibuja usted. Ud. determina que va a hacer o ser. Tus decisiones marcan y escriben tu futuro. Si nos unimos con bandidos terminaremos en la cárcel, o si andamos con arruinados pues seremos arruinados por estos amigos; cuando nos unimos a gente mala no necesitamos un diablo. Ya lo tenemos.

Un mito que debemos destruir es creer que estamos destinados para el fracaso.

La única forma de destruir un mal destino es salir de los ambientes nocivos, tóxicos, alejarnos de gente mala, delincuencial; aún, dejar conductas que no son acordes con las leyes, mucha gente está acostumbrada a cometer pequeños delitos y les parece normal. Toda conducta inmoral, deshonesta, cleptómana, drogadicta; aún iracunda, maldiciente, rebelde, avara, amargada, resentida; toda cultura de odio, nos puede traer grandes problemas al momento de ser empresarios, y mucho problema para ser ejemplo y bendición en la crianza de los hijos.

El destino cambia cuando somos correctos. Cuando estamos sobre la roca el futuro está asegurado. El futuro de la familia, el futuro de las relaciones en la iglesia y la comunidad; el futuro en la empresa. El futuro económico; El futuro de tu salud tiene mucho que ver con la paz interior, que surge de una vida correcta. Nuestro destino está profetizado para los fieles a sus tareas y principios: "En lo mucho te pondré".

Tu responsabilidad es tu mayor fuerza motivacional. Vive lleno de amor, llena tu vida de agradecimiento, y haz todo con la fuerza de la pasión.

> El destino cambia cuando somos correctos. Cuando estamos sobre la roca el futuro está asegurado.

Consejos

- Mantén tu deseo profundo de lo que quieres, y lo lograrás.
- Con tus sueños en Dios, y tu capacitación, serás lo que quieras ser.
- Con tu fe, tu disciplina y firmeza, derrotarás a los ladrones de sueños.
- Si permaneces sobre la roca, lo que quieres ser hoy, serás mañana.
- Vive agradecido cada día, lleno de amor, y con la fuerza de la pasión.

"En lo mucho te pondré"

CAPÍTULO II

LEYES DE LA MENTE ENRIQUECIDA

"Soñó aun otro sueño, y lo contó a sus hermanos, diciendo: He aquí que he soñado otro sueño, y he aquí que el sol y la luna y once estrellas se inclinaban a mi" (Génesis 37:9)

La fuente de toda CREATIVIDAD Y DE TODA RIQUEZA está en tu mente. Cuando la mente se enriquece tiene el poder de volar sin alas.

Todo comienza en la mente. Los grandes inventos, los grandes edificios, los grandes aviones, los grandes cruceros, los grandes puentes, las grandes empresas, las grandes multinacionales. Todo comienza en una mente visionaria; la cual, ve y se atreve a creer lo que ve, y lo que se hará.

> Cuando la mente
> se enriquece tiene el
> poder de volar
> sin alas.

Muchos hombres en la tierra han dicho: "Tengo un sueño". John F. Kennedy dijo: "Tengo un sueño: que el hombre llegue a la luna". Desafortunadamente John F. Kennedy murió, fue asesinado. Pero lo más extraordinario fue que su sueño quedó. Llegó a otras mentes y se convirtió en realidad. En 1969, cuando yo sólo era un niño, vi como el hombre transmitía uno de los logros más extraordinario del ser humano, poner sus pies en la superficie lunar. Había sido el sueño del Presidente John F. Kennedy. Él ya no estaba, pero su sueño estaba vivo.

Como escritor en este momento: Tengo un sueño, que todo hombre viva en paz, sin odio, ni rivalidad; que tenga el pan suficiente para sí mismo, para su familia y para compartirlo con les demás; que su nivel y calidad de vida sean superiores, "sin que les falte cosa alguna". Estoy seguro que el que logre comprender esta profecía estratégica lo logrará, y disfrutará lo mejor de la vida.

Recuerda: Tu responsabilidad personal es tu mayor fuerza motivacional.

A. Los maximos tesoros de la vida

Todo hombre que realmente desee ser exitoso debe definir con claridad cuáles son los tesoros más importantes en la vida.

Concentra tu mente en los tesoros realmente importantes. Debemos tener en cuenta el valor de un dólar. Aprecie el dinero, no lo ame. Trate al dinero con respeto, dale manejo con inteligencia. Al dinero lo controlan los hombres inteligentes, y no permiten que el dinero los controle a ellos. Los hombres inteligentes tienen mayores tesoros que el dinero.

Todo hombre que realmente desee ser exitoso debe definir con claridad cuáles son los tesoros más importantes en la vida, que lo llevarán a ser la persona más realizada y feliz del mundo. Veamos los tesoros fundamentales y realmente importantes.

1. Tu tesoro incambiable e insuperable. Tu máxima protección

Este tesoro debe estar siempre en el primer lugar de tu corazón, debe ser la fuerza mayor de tus emociones, allí debes concentrar todas tus fuerzas; aún lograr que todos tus pensamientos estén alineados con este inigualable tesoro.

Este tesoro es tu máxima protección. Todo ser humano debe estar gozando de la seguridad de estar siempre protegido. Las inseguridades deben superarse, la mayoría de veces que alguien ha sido víctima de estafadores, engañadores, sortilegios, agoreros, mentalistas, en su vida romántica y en sus afectos, es por falta de seguridad.

Cuando te sientes protegido te sientes seguro. Actualmente el ser humano ha inventado los seguros para protegerse personalmente, proteger sus bienes, proteger a terceros, proteger a su familia, y aún protegerse de los vándalos. La protección es la base de la seguridad presente y futura. Te quiero afirmar con toda seguridad, que realmente solo Dios puede ser nuestro verdadero pro-

> Solo Dios puede ser nuestro verdadero protector y nuestra máxima bendición.

tector y nuestra máxima bendición. Nuestro verdadero seguro y nuestro máximo tesoro.

Comprendamos que solo Dios es el tesoro inigualable que tiene el alcance para protegernos en todas nuestras faenas y empresas de cada día. Dios te puede proteger del mal, Dios te puede proteger de calamidades, Dios te puede proteger de pestes, Dios te puede proteger de accidentes, Dios te puede proteger de la ruina, Dios te puede proteger de la condenación, Dios te puede proteger de la enfermedad, Dios te puede proteger de la muerte.

Mi experiencia personal me fundamenta para afirmar: Dios nos puede proteger de la muerte, Dios te puede proteger de todo asecho maligno. Fui atacado por un cáncer agresivo nivel cuatro en el año 2022. Cuando estaba en el hospital a punto de morir, el Señor Todopoderosos se me apareció sentado en un trono maravilloso, su rostro afilado, inmerso en un azul agua marina tornasolado, me habló amablemente, y me sanó.

Desde ese día Él me enriqueció mucho más, estoy limpio, haciendo grandes cosas, y pensando hacer cosas mayores. Por estas razones consideró que Dios es el máximo Tesoro. Tesoro de protección excelente, el Tesoro Protector que puede poseer todo ser humano. Supere toda resistencia contra Dios, y confía plenamente en Él.

"El Dios Eterno es tu guardador, el sol no te fatigará de día, ni la luna de noche. El Señor Eterno es tu guardador, el té guardará de todo mal Él guardará tu alma, Él guardará tu salida y tu entrada desde ahora y para siempre" (Salmos 121:2-4)

Dile con todo tu corazón: Señor Dios Eterno, quiero que seas mi máximo tesoro, quiero que seas mi Señor y mi salvador de todo mal, en Cristo Jesús. Amén.

Cuando todo está protegido, todo tiene la seguridad de permanecer. ¿Por qué muchas vidas y empresas fracasan? La respuesta es simple: por falta de protección. No prevemos la protección del mal, todo lo que te hace daño es malo. Hoy tenemos problemas con la percepción clara de lo que es malo. A lo malo le decimos bueno y a lo bueno le decimos malo. Con esta carencia de objetividad estamos condenados a fracasar.

> Supere toda resistencia contra Dios, y confía plenamente en Él.

Protección es amar lo bueno. Nuestro creador nos compartió los únicos principios de lo bueno que existen. Los principios de lo bueno son los máximos tesoros que nosotros podemos tener en nuestra mente. Solamente estos tesoros nos pueden proteger y bendecir en medio de un mundo, lleno de confusiones y falsedades. Los tesoros del bien son la base de nuestro éxito presente, futuro y eterno.

2. Tu tesoro inigualable e incomparable. Tu máxima bendición

¿Te gustaría que todo lo que tus manos tocaren e hicieren fuera supremamente bendecido?

Anteriormente le hablé acerca de un jovencito con los sueños de Dios llamado José. Hay una referencia de él que me gusta mucho y será una buena ilustración para este punto tan importante, como es la bendición de Dios.

"Todo lo que José hacía el Dios Eterno se lo prosperaba por que el Señor Eterno estaba con él". (Génesis 39:2)

La clave de toda bendición está en la presencia de Dios, nuestro Tesoro incomparable. "Todo lo hacía prosperar en su mano, porque Dios estaba con él".

> La clave de toda bendición está en la presencia de Dios, nuestro Tesoro incomparable.

Dile: Amado Dios quiero que seas mi tesoro incomparable, quiero que seas mi Señor, mi salvador, y mi bendición por siempre, te lo pido en el nombre de tu amado hijo Jesucristo. Amén.

3. Un empresario con máximo éxito

Dentro de todas las historias Bíblicas hay una que nos sirve para ilustrar al empresario con máximo éxito. Tomemos este ejemplo bíblico, como base.

"Un día los hijos de Dios vinieron a presentarse delante de Dios. Entre los cuales también vino Satanás. Dios le preguntó: ¿De dónde vienes? Y Satanás le dijo: De rodear la tierra y andar por ella. Dios le dijo: ¿No has considerado a mi siervo Job que no hay otro como él en la tierra, Varón perfecto y recto, temeroso de Dios, y apartado del mal? Respondió Satanás a Jehová, y dijo: ¿Acaso teme Job a Dios de balde? ¿No le has tú cercado a él, y a su casa, y a todo lo que tiene en derre-

dor? Y al trabajo de sus manos has bendecido; por tan-
to su hacienda ha crecido sobre la tierra". (Job 1:6-10)

El diablo estaba enojado, iracundo de ver cómo el Dios Todopoderoso había cercado a Job y a todos sus bienes, y cómo todo lo que Job hacía Dios se la había bendecido en un nivel superior, Job era el hombre más poderoso entre los orientales.

La clave de su éxito: Dios bendecía la obra de sus manos. Dios protegía todo lo que Job era y lo que poseía.

Dios sabía lo que era su amigo Job.

¿No has considerado a mi siervo Job que no hay otro como él en la tierra, Varón perfecto y recto, temeroso de Dios, y apartado del mal?

Lo conocía bien, y tenía plena confianza en él. Cuando los huérfanos y las viudas y los pobres, los ciegos habían necesitado algo, Job había sido su pan y su brazo. Te estoy ilustrando esto, porque deseo de corazón que te conviertas en el empresario de máximo éxito.

> La clave de su éxito: Dios bendecía la obra de sus manos. Dios protegía todo lo que Job era y lo que poseía.

Te lo reafirmo, deseo de todo corazón que seas una persona de máximo éxito. Que el Dios Todopoderoso que nos creó todo el planeta perfecto para la vida y para nosotros, te bendiga y enriquezca en todo, donde pongas tus manos; que los ejércitos celestiales del Dios eterno té protejan siempre.

Soy un hombre bendecido por Dios y deseo proclamar esta bendición sacerdotal especial sobre ti:

"El Señor Eterno te bendiga y te guarde, El Señor Eterno haga resplandecer su rostro sobre ti y tenga de ti misericordia; El Señor Eterno te mire con alegría y llene tu corazón de paz". (Números 2:24-26)

Algo que me caracteriza es orientar a las personas de una manera correcta y precisa. Mi filosofía de vida me ha enseñado que si te enseño algo que no está dentro de estos principios te puedo conducir al fracaso. Me siento responsable de compartir con integridad principios seguros que te lleven al éxito verdadero. Tal vez te parezca extraño que te comparta principios fundamentados en principios Bíblicos. En todos mis estudios no he encontrado otra base más fundamentada y segura que los principios divinos. Puedes sentirte seguro, que los principios del Dios eterno, te darán un éxito firme, seguro, y verdadero en todo lo que emprendas.

Recuerda que tú tesoro incomparable y único es Jesucristo.

B. El tesoro más grande que Dios nos ha dado sobre la tierra

Veamos el tesoro más grande que podemos tener y disfrutar sobre la tierra. Este tesoro es la base de tu mayor felicidad si lo cuidas; pero, si lo descuidas puede producir el sufrimiento más profundo a tu corazón.

Este tesoro es aquel con el cual compartes gran parte de tu vida, es parte de tu sangre, es parte de tus entrañas, este tesoro es tu familia.

La familia es el mayor tesoro que Dios nos ha dado, es la base de la felicidad sobre la tierra. Si el hijo del vecino se gradúa de la universidad usted se alegra y lo felicita; pero si es tu hijo el que se gradúa de la universidad usted hace una fiesta, lo promueve y lo muestra con alegría por todos los medios posibles y por todas las redes sociales; tu alegría es máxima por los logros de tu familia; Pero también sucede en caso contrario, si el hijo de tu vecino tiene un accidente fatal usted anima a su vecino y le acompaña por un momento. Pero si el accidentado es su hijo usted sufre demasiado, le parece imposible; se pregunta con dolor: ¿Por qué a mí? Y sufre demasiado, puede llegar a sufrir hasta traumas psicológicos.

Los éxitos familiares son las mayores fuerzas motivacionales en todos los aspectos de la vida. Trabajamos incansablemente por la familia, adquirimos bienes por la familia, creamos grandes capitales por la familia, hacemos grandes empresas por la familia, somos capaces hasta de morir por la familia.

También sucede lo contrario cuando las cosas no salen bien en familia. Los problemas familiares nos hacen perder la fuerza, y la concentración en el camino del éxito. Podemos tener inconvenientes con el señor del pueblo vecino, o con un desconocido; Pero nunca tener problemas dentro de la casa. La mayoría de las personas viven frustradas porque llenaron su casa de problemas y conflictos. Y esto los lleva a perder el horizonte del éxito.

Palabras grotescas y monstruosa, irrespetuosas, groseras hacen de un hogar un infierno; aún las agresiones muchas veces no han sido solo de palabras sino físicas; las imposiciones, las amenazas con separaciones y divorcios han arruinado familias enteras, las rivalidades por poderes masculinos, femeninos y machistas han acabado con familias enteras, los manejos económicos desequilibrados y avaros han destruido los hogares y las empresas, y el sustentó de mucha gente.

Es tan importante tener grandes valores familiares, pasar buen tiempo con la pareja, con los hijos; cuando uno es soltero, compartir bastante tiempo con los padres debe ser más importante, más que estar con los amigos.

> Los problemas familiares nos hacen perder la fuerza, y la concentración en el camino del éxito.

Debemos dedicar una gran parte del tiempo para disfrutar a la familia. Muchos padres se dedicaron tanto al trabajo que nunca se dieron cuenta cuando sus hijos crecieron, terminaron sus estudios, y se casaron. Siempre tenían el ídolo llamado "no tengo tiempo". Un día llegaron a ancianos y llamaron a sus hijos: Hijo estoy solo,

¿Cuándo vienes a verme? Y se escuchó la enseñanza dejada en el corazón de los hijos: "No tengo tiempo".

Todos tenemos el mismo tiempo. Tiempo para amar al Dios que nos ama, nos bendice y nos protege; todos tenemos el mismo tiempo para amar y disfrutar la alegría más grande sobre la tierra, nuestra bella familia; la cual, nos regaló el Dios maravilloso que nos ha bendecido con la vida. Ama a Dios y ama a tu familia.

> Debemos dedicar una gran parte del tiempo para disfrutar a la familia.

Mientras tengamos vida, saquemos el tiempo para disfrutar del tesoro más grande que Dios nos ha dado sobre la tierra la familia. Cada día disfruta a tu familia, cada fin de semana comparte una comida en un restaurante o un asado en el patio de tu casa, cada semana disfruta ir con tu familia a la iglesia; además, saca una semana al año o más para ir de vacaciones con los seres más valiosos de tu vida, tu familia.

> Mientras tengamos vida, saquemos el tiempo para disfrutar del tesoro más grande que Dios nos ha dado sobre la tierra la familia.

Diviértete, juega con tus hijos y tu pareja, y ríe con ellos, es tu mayor terapia contra el estrés y los afanes de la vida; haz de cada día un momento feliz con los tuyos, son tu tesoro. Nada puede ocupar el tiempo más valioso de tu vida; estar con tu familia. Con este modelo de vida te levantarás con la fuerza para ser el mayor emprendedor y alcanzar las realizaciones más grandes y extraordinarias de la vida.

Haz esta pequeña oración: Señor, lleno de amor y misericordia, enséñame a amarte a ti, enséñame a amar a mi familia, como el tesoro más grande que tú me has dado sobre la tierra, quiero que Jesucristo sea mi señor y salvador de mi vida y mi familia. En el nombre de Jesucristo. Amén.

Recuerda: "Cree en el Señor Jesucristo, y serás salvo, tú y tu casa". (Hechos 16:31)

C. El tesoro fortalecedor que Dios nos ha dado sobre la tierra

Este tesoro maravilloso es la base que alimenta tu ánimo, tu fe, tu fuerza psicológica, tu fuerza física, mental y espiritual. Todo el tiempo necesitamos estar fortalecidos. Todo el tiempo debemos estar llenos de esperanza, de certeza en nuestro éxito diario, llenos te ánimo para lograr las metas de cada día.

Este tesoro maravilloso de fortaleza se llama la Iglesia Cristiana. La Iglesia es el centro de fortaleza de Dios. Ella es la casa de Oración donde usted puede hablar con tu Creador y llenarse de su fuerza; la iglesia es la fuente de la palabra y fortaleza de parte de Dios para ti; allí Dios nos habla al corazón, corrige nuestros pasos para que nuestros éxitos sean cada vez más sólidos; allí nuestro amado Padre Dios nos alienta nuestro corazón contra vientos y mareas que tengamos que enfrentar en medio del mar de los negocios y las competencias.

La iglesia Cristiana es el centro de sanidad de Dios. (Por sencilla que sea) Allí Dios con su poder regenerador transforma vidas sin esperanza, sin fuerzas, en nuevas criaturas llenas de fe. Allí Dios sana los temores, las dudas; afirma los proyectos. Sana las emociones, sana las patologías que no nos permiten avanzar; sana los odios, las amarguras, sana las influencias diabólicas; allí Dios sana el cuerpo, el alma y el espíritu afligido. Allí Dios con el poder de su hijo Jesucristo, y la fuerza de su Espíritu Santo de forma misteriosa convierte a los débiles en Fuertes, a los pobres en ricos, y a los fracasados en exitosos.

La Iglesia es el centro de fortaleza de Dios.

Dios con su voz llena de amor, nos alienta e ilumina nuestra visión para el desarrollo de la creatividad, que nos da las herramientas del verdadero éxito. Cada vez que usted va a una iglesia cristiana la fortaleza de Dios con su poderoso Espíritu Santo se mete por tus venas y te hace un gigante en logros y victorias que jamás habías imaginado: Las fuerzas adversas no quieren que usted llegue a la iglesia porque saben que, desde ese día, usted dejará de ser su esclavo. Ve a una iglesia Cristiana y conviértete en la persona más poderosa del mundo.

Conviértete en la persona del éxito. Allí en el lugar de Dios, conocerás la verdad del éxito verdadero.

Fortalece tu espíritu en la iglesia Cristiana, ella es el tesoro de nuestra fortaleza.

> Cada vez que usted va a una iglesia cristiana la fortaleza de Dios con su poderoso Espíritu Santo se mete por tus venas y te hace un gigante en logros y victorias que jamás habías imaginado.

La iglesia es la fuente que Dios nos ha dado para iluminar el camino de nuestro verdadero éxito.

Mi amado y más grande Maestro me enseñó:

"Conoceréis la verdad y la verdad os hará libres". (Juan 8:32)

Haz esta oración: Amado Dios y Padre dame la fuerza para amarte siempre; para valorar a mi familia y amarla, dame la fuerza para amar mi iglesia, que pueda estar allí cada semana, para fortalecer los grandes sueños que tú tienes para mí. En el nombre de Jesucristo mi salvador. Amén.

D. El tesoro que enriquece tu riqueza

En este momento que estás leyendo, te estas enriqueciendo más. Nunca dejes de estudiar, de leer y de actualizarte. Tu carrera tiene cursos, tiene estudios básicos, tiene pregrados universitarios, postgrados, doctorados, y más doctorados, análisis diario de circunstancias y especializaciones en los negocios de cada día y en la universidad de la vida.

Lee libros, que cada día enriquezcan tu relación y la profundización con Dios, con sus Santas Escrituras y su poder.

Jesucristo el Hijo de Dios dijo:

"Erráis, porque ignoráis las Escrituras y el poder de Dios" (Mateo 22:29).

Todos necesitamos conocer las poderosas bases de las palabras divinas del Creador de todas las riquezas; además, saber que su infinito poder nos puede llevar más allá de donde estamos, y más allá de lo que hemos imaginado y soñado. Sobre todas tus lecturas, debes tener en primer lugar y dedicar el máximo tiempo a la lectura de la Santa Biblia.

Lee libros que te motiven en el área que te deseas especializar. Conviértete en el mejor profesional del mundo.

Lee libros que te especialicen en buenas relaciones familiares. Conviértete en el mejor padre, el mejor hijo y cónyuge del mundo. Conviértete en el candelero que alumbra a los que están en casa. Nuestra familia espera que seamos el faro que los lleve a puerto seguro, en sus retos y realizaciones futuras.

> Todos necesitamos conocer las poderosas bases de las palabras divinas del Creador de todas las riquezas.

Lo más valioso en este universo eres tú. Enriquece tu riqueza dada por el máximo Creador de las insondables riquezas. "Fuiste rescatado, no con oro, ni con plata; sino con la sangre preciosa de Jesucristo, el Hijo de Dios". (1 Pedro 1:18-20) Eres un tesoro digno de rescatar, para grandes cosas.

Cristo el hijo de Dios nos hizo valiosos; por esto, no lo podemos defraudar ni rechazar; lo recibimos con corazón sincero en nuestro ser; pues, sin Él, no somos nada, y sin Él, nada podemos hacer, nuestro éxito está incompleto. Nuestro éxito sin Cristo puede ser temporal, pero nuestro fracaso será eterno. Nuestro éxito con Cristo será constante y eterno. Enriquece cada día tu vida, con la presencia Jesucristo, y con el manual de los grandes tesoros, la Santa Biblia.

E. El tesoro de tu paz y tu sustento

Este tesoro llenará tu vida de paz y tranquilidad presente y futura. Cuando este tesoro te alcanza no tienes de qué preocuparte, el afán y el estrés se erradican de tus estados emocionales. Valora este tesoro como la base de tu tranquilidad y el Gran Premio.

Póngale un nombre a este tesoro: La Acción Sana. Pero quisiera que fueras más específico. Llamémoslo estudio y trabajo. Y ahora lo vamos a reducir a una sola palabra: Trabajo. Entonces el tesoro de tu paz es el trabajo.

Cuando uno es joven nuestro trabajo es estudiar, por esto es que tú dices: "tengo un trabajo del colegio", o "tengo un trabajo de la universidad". Efectivamente, ese es su trabajo estudiar y prepararse para ser más productivo y exitoso.

Es un gran trabajo alcanzar una carrera en la universidad, lograr un título profesional requiere de una gran disciplina, un gran reto, y un gran esfuerzo, y hasta desvelos; sin embargo, el Gran Premio será recibir la mayor remuneración por tus conocimientos, tener más herramientas mentales para hacer tus proyectos de éxito en el futuro; montar tus empresas, ser de bendición para mucha gente y tener solvencia y libertad financiera.

Después de estudiar viene el tiempo de iniciar tu vida laboral, bien sea como empleado o como empresario. La ventaja de ser empleado inicial es que aprendes en la vida práctica los procedimientos laborales y los retos del dueño de la empresa, los desafíos, la producción, las ventas y los malabares financieros; además, la compasión y la bondad por los trabajadores y colaboradores de tu éxito.

Después de este proceso podemos afirmar que estás listo para ingresar en el campo de "EN LO MUCHO TE PONDRÉ": basado en los conocimientos que adquiriste en la universidad, y experiencia como trabajador de una empresa. Ahora te das cuenta de que el trabajo continúa.

Este tesoro es muy importante: VALORA TU TRABAJO. Estemos convencidos de algo, los grandes emprendedores nunca dejaremos de trabajar, aún en los últimos momentos de nuestra existencia nuestro trabajo es hacer los testamentos necesarios y dejar todo en orden.

Por sencilla que sea tu profesión, valora tu trabajo. Ama la empresa donde laboras, pídele a Dios que la bendiga; ella le da pan a mucha gente, ella ayuda en la realización de muchas familias; las empresas del mundo con sus puestos de trabajo ayudan para que los hijos estudien, vayan a las universidades y se realicen, y nos ayuden con el sustento y desarrollo diario y futuro de la familia. Las empresas producen el sustento y el progreso de todos.

VALORA TU TRABAJO. Estemos convencidos de algo, los grandes emprendedores nunca dejaremos de trabajar.

Con la empresa que laboramos crecemos, la empresa crece y nosotros también. Las fuerzas adversarias del odio y el descontento nos inyectan la idea egoísta que los únicos que debemos ganar somos nosotros y que las empresas se deben arruinar y que no haya ricos. Las mentes emprendedoras, los gobiernos sabios saben que es lo contrario, que las empresas se deben fortalecer; entre más empresas fuertes haya, más empleos habrá, y más gente realizada surgirá.

Los gobiernos sabios le inyectan capital a las grandes y pequeñas empresas, para que cada día haya más trabajo; los gobiernos sabios promueven la pequeña y la gran empresa para fomentar el trabajo. Nosotros también como sabios debemos, proteger la empresa en la cual laboramos; es nuestra realización cuidar las máquinas, cuidar a nuestros compañeros de accidentes; llevar ideas que engrandezcan la empresa que nos bendice.

Ame su tiempo de trabajo, haga lo mejor. Es necesario aprender a ser fiel como trabajador, disciplinado como trabajador; pues sólo aquellos que alcanzan esta conducta y actitud están preparados para llegar a lo mucho. Solo ellos tienen la disciplina y la práctica continua, para ser los grandes empresarios del mundo.

Mi mejor maestro en emprendimiento me enseñó:

"El que es injusto en lo muy poco, también en lo más es injusto; y el que es fiel en lo muy poco, también en lo más es fiel. (Lucas 16:10)

Si aprendemos a ser fieles en lo poco estamos preparados para ser fieles en lo mucho.

Mi gran maestro de tesoros me sigue enseñando para lograr mi emprendimiento efectivo.

El Jefe le dijo: Muy bien, eres un empleado bueno y fiel; ya que fuiste fiel en lo poco, te pondré a cargo de mucho más. Entra y alégrate conmigo. (DHH Mateo 25:23)

Los gobiernos sabios le inyectan capital a las grandes y pequeñas empresas, para que cada día haya más trabajo.

Cuando somos fieles en nuestro estudio desde pequeños, no hacemos trampa, somos impecables, hacemos las cosas con amor, sacamos las mejores notas, llegamos con honores a nuestra graduación, estamos construyendo el camino para llegar a los mejores niveles y ser herederos de EN LO MUCHO TE PONDRÉ.

Valora el tesoro de tu trabajo.

Haz esta oración: Amado Padre Dios, gracias por tu gran amor, tu bendición y tú protección. Gracias por el gran tesoro de mi familia. Gracias por proveerme una iglesia para mí fortaleza. Gracias por los recursos que me das para enriquecerme cada día, y gracias por el valioso trabajo que me das. Ahora Señor dame equilibrio para disfrutar de todos estos grandes tesoros. Te lo pido en el nombre de Jesucristo, mi Señor y mi Salvador. Amén.

F. Mantén el tesoro del equilibrio

Hemos alcanzado cinco tesoros que nos catapultarán al nivel de EN LO MUCHO TE PONDRÉ. Tenemos que organizar la mente y el calendario mental, primero mi tiempo con el Dios que me ama, me bendice y me protege. Segundo el tiempo de cantidad y calidad que debo dedicar a mi familia para ser feliz. Tercero el tiempo que debo dedicar para fortalecer la mente, el corazón, el alma y el espíritu en la iglesia cristiana. Y el tiempo de mi trabajo, pues es el sustento y la tranquilidad en mi hogar, y gran parte de mis sueños futuros.

Organiza un tiempo para cada tesoro. No permita que la balanza se incline más para un lado que del otro. La humanidad sufre por falta de equilibrio. Todo lo que un ser humano piensa, habla y hace debe ser exactamente igual, exactamente lo mismo. Esto es equilibrio.

Ejemplo: Pienso que iré a la iglesia el domingo a las 10:00 a.m. Les digo a la esposa y a los hijos que estaremos el domingo a las 10:00 a.m. En la iglesia. El sábado me llama mi amigo y me dice que si lo puedo acompañar a un partido de fútbol a las 10:00 a.m. El hombre con equilibrio dirá que no puede; pues ya tiene un compromiso. El hombre desequilibrado se emocionará y se comprometerá, pero a la hora lo llama otro amigo y le dice que tienen que firmar un negocio muy importante a las 10:00 a:m. del domingo, se levanta corriendo y va a firmar el negocio, se siente un héroe porque hizo un gran negocio; sin embargo, no puede percibir que está mal en su equilibrio y en su honra con su familia, con su iglesia, con Dios, y con el amigo que le prometió ir al partido de fútbol. Esto se llama desequilibrio.

> Organiza un tiempo para cada tesoro. No permita que la balanza se incline más para un lado que del otro.

El tesoro del equilibrio nos permite bendecir a todos y a nosotros mismos.

El tesoro del equilibrio tendrá el tiempo perfecto para todo. Es la base para estar en lo mucho.

CAPÍTULO III

LEYES DE LA PRODUCCIÓN FINANCIERA INTELIGENTE

"No me elegisteis vosotros a mí, sino que yo os elegí a vosotros, y os he puesto para que vayáis y seáis muy productivos, y vuestra producción sea constante, y para que todo lo pidieres al Padre en mi nombre, Él os lo dé" (Juan 15:16).

Hay una forma correcta para hacer las cosas, también hay sistemas que permiten hacer las cosas con seguridad, inteligencia, habilidad y éxito. De la misma manera, hay una forma correcta o un sistema inteligente para hacer que la producción financiera sea segura y exitosa. Veamos algunas leyes que forman un sistema efectivo en la producción financiera inteligente.

> Hay una forma correcta o un sistema inteligente para hacer que la producción financiera sea segura y exitosa.

A. Camino a la acción creativa de éxito

Mentes creativas para alcanzar lo mucho, es lo que se requiere en este mundo desafiante lleno de necesidades. Veamos como la creatividad nos puede llevar a una producción financiera inteligente.

1. En el mundo de las necesidades los inteligentes se vuelven ricos

Cuando el mundo se hunde los rescatadores serán los exitosos. Cuando las economías se hunden los que compran se enriquecen. En las crisis nadie compra por miedo al fracaso; sin embargo, es lo contrario, cuando el mercado de la vivienda se va a la banca rota es el tiempo de comprar casas. Los que crean los tapabocas en medio de los virus, se enriquecen.

El ejemplo del hombre y el camión de zapatos.

Se dice que en una ocasión un hombre fue con su camión a la empresa de calzado compró zapatos de diferentes medidas; pues quería montar su propio negocio.

Feliz, el hombre se fue a un pueblo alejado a vender los zapatos. Cuando llegó al lugar se llevó una tremenda sorpresa: allí en aquel lugar nadie usaba zapatos. Desanimado y triste regresó a su pueblo, le comentó a su amigo la triste experiencia. Mientras su queja era un interrogante. ¿Qué voy a hacer con esta camionada de zapatos?

Su amigo no lo podía creer. De pronto sus ojos brillaron, y le dijo a su triste amigo: No se preocupe, dame tu camión de zapatos, yo se los vendo y te traigo tu dinero y algo de ganancias. El amigo respondió: ¿Harías esto por mí? ¡Claro que sí! Fue la respuesta.

El gran amigo regresó al pueblo donde la gente no usaba zapatos. En el parque principal estacionó el camión y comenzó a ofrecer: Señoras y señores, les tengo el último descubrimiento inventado por el hombre, se llaman los zapatos. Ustedes no se maltratarán sus pies, las espinas no los volverán herir su piel; además, sus niños estarán seguros de no tener accidentes en sus pies. Les tengo una gran noticia, les tengo la medida precisa para el tamaño de sus pies. ¡Por favor un voluntario que quiera subir y experimentar!

Al instante un joven saltó como un resorte sobre la plataforma del camión. El vendedor hábilmente le colocó un par de zapatos a la medida, y muy orgulloso de su producto, le preguntó; ¿Cómo se siente? La respuesta no se hizo esperar. Muy Bien. Mientras el joven se paseaba orgulloso en lo alto del camión.

Al ver al modelo, orgulloso y feliz, la multitud grito desesperada por temor a perder la oportunidad de adquirir el valioso y útil invento. ¡Deme un par por favor! El vendedor respondió: Tengo para todos, y si no alcanzan, tengo la fábrica produciendo zapatos para todos Ustedes. Mañana mismo volveré y traeré los que falten.

Así, el hábil vendedor aquel día desocupó el camión, y continúo vendiendo zapatos en aquella población hasta que se enriqueció. En el mundo de las necesidades los inteligentes se vuelven ricos.

> En el mundo de las necesidades los inteligentes se vuelven ricos.

2. En el mundo de las necesidades los inteligentes se vuelven poderosos

Tengo una historia real, registrada en la Santa Biblia y es el ejemplo de Isaac en Gerar. Nos ilustra como en medio de las necesidades los inteligentes se vuelvan ricos, y poderosos.

Gerar no era una tierra muy recomendable. Era tierra de bandidos y envidiosos filisteos. Tiempo atrás el príncipe Abraham había abierto pozos de agua en aquella tierra, pero los torpes filisteos los habían tapado. Lo más serio de la región, no había llovido y era época de hambre.

El príncipe Isaac al llegar a Gerar y al ver la situación, pensó en seguir su camino; sin embargo, la voz de Dios se manifestó en su corazón, y le dijo: "Quédate en Gerar; pues, esta es tu tierra y aquí te voy a bendecir". Con base en la promesa divina el príncipe Isaac se quedó allí.

Me gusta este relato. Es espectacular; quiero que le pase a usted. Dilo; Me va a suceder a mí. Si, Amén. Amén.

"Y sembró Isaac en aquella tierra, y cosechó aquel año a ciento por uno y le bendijo Jehová. El varón se enriqueció, fue prosperado, se engrandeció hasta hacerse muy poderoso. Y tuvo hato de ovejas, y hato de vacas, y mucha labranza, y los filisteos le tuvieron envidia". (Génesis 26:12,13)

"Entonces dijo Abimelec a Isaac: Apártate de nosotros, porque mucho más poderoso que nosotros te has hecho". (Génesis 26:16)

Saca tiempo para leer el capítulo veintiséis de Génesis, seguro te enriquecerá.

Aplicaciones prácticas

Especialízate en la observación. Mira, observa, busca, y encuentra las necesidades y trae soluciones, las soluciones contiene grandes riquezas. Ser una bendición para otros te hace rico.

Encuentre las necesidades reales de la gente, comida, vivienda, educación, salud, bienestar, recreación, realización, vestido, transporte, tecnología, visión, fortaleza, etc.

Pida dirección a Dios. Cada día hable con Dios y dile lo que deseas hacer.

> Ser una bendición para otros te hace rico.

Ubícate en el lugar de Dios. Pida dirección a Dios para estar en el lugar apropiado.

Busca una promesa divina. Tenga la certeza que estas en el lugar que Dios quiere que estés, haciendo lo que debes hacer.

Inténtalo, se una persona de acción constante, Tus acciones son los pies del éxito. Ora a Dios y realiza tus sueños.

Si por alguna razón te equivocas en algo, no te castigues, agradece a Dios porque estas aprendiendo. Las equivocaciones son parte del aprendizaje.

Alcanza tus propósitos, llega a la meta. Pero no te detengas sigue avanzando.

Recuerda que el éxito produce envidia. Aléjate de personas equivocadas, que te desconcentran, y de ambientes tóxicos.

No te desconcentres sigue adelante. Isaac se alejó de los filisteos; pero siguió abriendo pozos de aguas vivas.

> Es una gran bendición proveer las necesidades de la humanidad y esto te enriquece.

Recuerda: En el mundo de las necesidades los inteligentes se vuelven ricos.

Es una gran bendición proveer las necesidades de la humanidad y esto te enriquece. Te convierte en el servidor más grande del mundo. Y esto te hace el número uno.

B. Ley que vence y destruye la pobreza

1. La riqueza está y crece dentro de ti

Todo comienza en la mente. Así como tu mente produce para comer o subsistir; así también puede producir para alcanzar lo mucho. En este momento la riqueza está creciendo dentro de ti. En una mente rica no existe la pobreza.

Todos nacemos como pobres, así estemos rodeados de diamantes; Sin embargo, no somos pobres; somos los seres más ricos del planeta, así estemos desnudos. La vida es la riqueza más grande que Dios nos da.

Venimos al mundo limpios, sin nada. Somos sin conocimiento, sin dominio del mundo en el cual nos movemos, es como si estuviéramos ciegos en una selva gigantesca. Nuestro cerebro está vacío y espera ser llenado; lo único que nos mueve es el deseo de triunfo; pues, nuestra genética y nuestro instinto de superación nos impulsa aprender a gatear y luego caminar; sin embargo, aun cuando caminamos, no sabemos quiénes somos, ni a dónde vamos, no sabemos lo que hay adelante, ni que existe una ciudad al otro lado del camino.

2. La riqueza del hombre en desarrollo

Todos nacemos, y crecemos, y observamos a otros que han llegado mucho más adelante. Vemos súper héroes en aquellos que han llegado al espacio y hasta la luna. Vemos grandes héroes en aquellos inventores; y a aquellos empresarios, magnates, ricos, los vemos inalcanzables.

Creemos que nunca llegaremos a estos niveles y todo nos parece imposible; sin embargo, la riqueza nos rodea. Ella está creciendo cada día dentro de nosotros. Poco a poco nos damos cuenta que nos estamos enriqueciendo, todos necesitamos sentir ese desarrollo de riqueza interior. Todos podemos crecer y lograr un mayor nivel de vida. La base de mi fe me dice cada día: "Todo lo puedo en Cristo, el cual me está fortaleciendo constantemente" (Filipenses 4:13)

Mantente firme en la meta de tu riqueza interior, no permitas ser contaminado. Los malvados, gente sin escrúpulos, se aprovechan de nuestras deficiencias en el conocimiento. Nos llenan de odio el corazón, y nos hacen odiar a los que nos hacen bien y nos sirven. Nos mantienen cercados en la ignorancia para poder controlar nuestras conciencias; es una gran lucha, anhelamos el mundo que nos rodea, pero nos han convencido que somos pobres y que nunca lo alcanzaremos. Sin embargo, estamos rodeados de riquezas. Cuando abrimos los ojos y nos llenamos de conocimiento surge el desarrollo mental emocional y la creatividad de las grandes riquezas, en la medida que tu creces la riqueza crece.

> Poco a poco nos damos cuenta que nos estamos enriqueciendo, todos necesitamos sentir ese desarrollo de riqueza interior.

### 3.	Realmente la pobreza no existe

La pobreza es un estado imaginario que nos esclaviza y nos hace vivir en miseria. La pobreza es un estado mental carente de conocimiento.

> La pobreza es un estado imaginario que nos esclaviza y nos hace vivir en miseria.

Aunque hoy no tengas nada en tus manos ya eres rico, solo por existir y pensar ya eres rico, tienes una mente creativa y muy rica con grandes posibilidades. Otros nos han implantado la pobreza, y condicionado en una mentalidad. La pobreza es una creación mental acomplejada, que nos crea una conducta, que nos encierra y nos limita en el alcance de nuestros sueños. Hoy al leer este párrafo, ya eres rico.

El primer y mayor ejemplo que existe es el de nuestro Creador Dios del universo. No había Nada, y de la nada con el poder de su imaginación y de su palabra creó lo que vemos, de lo que no se veía. Todo existe porque el existía. Todo cambiará porque tú existes; además, Dios está obrando poderosamente en ti, Dios está contigo.

> Solo por existir y pensar ya eres rico, tienes una mente creativa y muy rica con grandes posibilidades.

Todos podemos surgir, salir del medio miserable, de la pobreza mental, aun del pozo más profundo, y alcanzar lo mejor de la vida, con propósitos abundantes, metas mayores, grandes sueños y logros excelentes. Todos podemos, y tu estas en nuestro grupo.

No permitas que nadie contamine tus riquezas. Tu primera creación de riqueza es crear un tesoro dentro de ti. Recuerda: "El hombre del buen tesoro de su corazón, saca buenas cosas". (Mateo 12:35)

Ley que vence y destruye la pobreza. Ya eres rico, la riqueza está dentro de ti y crece dentro de ti, cada día.

C. Un tesoro llamado proceso, el camino al éxito

El camino al éxito siempre está delante de todos. ¿Cuál es la diferencia? Unos se preparan para el éxito y otros nunca lo hacen. La gente preparada siempre ve lo que otros no ven. La gente preparada alcanza grandes metas y hace lo que otros no hacen. Procesa tu éxito.

Se han hecho estudios sobre los comportamientos de las personas a nivel mundial. El setenta por ciento, nunca disfruta de una buena calidad de vida. El otro diez por ciento vive dentro un nivel medio, come vive pero no posee una casa. El otro diez por ciento vive y posee una casa como empleado. Pero solo el último diez por ciento disfruta a plenitud de una vida integral exitosa; sus hijos son universitarios, y preparados para el éxito presente, futuro y eterno; compran propiedades, montan negocios, tienen estabilidad económica, sirven a la comunidad, son generosos, en sus últimos años sus parejas aún están vivas, él y ella. Y cuentan sus historias a sus bisnietos. Nuestra meta debe ser: disfrutar lo mejor de la vida.

> La gente preparada alcanza grandes metas y hace lo que otros no hacen. Procesa tu éxito.

¿Te gustaría cambiar la historia de tu familia? Veamos tu mapa mental, y tu libreta de sueños: Surges, te conviertes en un profesional, un empresario, un inversionista; una persona de éxito, con hijos maravillosos, y con una familia longeva. Con honra dentro de tu comunidad; valorado por tu iglesia, tus nietos y bisnietos. De acuerdo a tu plan: Serás lo que quieras ser.

"Deléitate en el Señor Dios del universo, y él te concederá los deseos de tu corazón" (Salmos 37:4)

Veamos el tesoro del proceso.

1. **El poder de la creatividad. Todo comienza con una idea. Dibuja, escribe y planea tu destino.**

   Todo comienza con una idea, con un deseo, con ver a otro hacer algo maravilloso. Todo comienza escrito en el alma, todo se siente en el corazón. Todo se da forma en la mente y en una imagen o en una semejanza de algo. Todo toma forma a medida que lo comienzas dibujar en tu mente, Toma un lápiz, y sobre una hoja, en un cuaderno, una agenda, una tableta electrónica, un computador, en tu celular escribe el sueño. Hazte un libro o portafolio de sueños.

   El joven adolescente necesitó de sueños, que se convirtieron en imágenes. Mientras dormía vinieron a su mente las imágenes de los manojos de trigo. Él se vio caminando sobre las estrellas, sobre el sol y la luna, se vio sobre ellos. Él tenía imágenes en su mente y a su tiempo se volverían realidad.

> Todo toma forma a medida que lo comienzas dibujar en tu mente.

Lo que quieras lograr se debe visualizar, lo que has logrado visualizar se debe planear. Y lo planeado se debe ejecutar.

2. Afirma tu futuro.

El Joven adolescente tenía ahora en su mente imágenes de lo que iba a hacer y ser; salió y contó sus sueños, ahora sus sueños se volvieron palabras, los contó una y otra vez; y así, afirmó su futuro. Escribe tus sueños, conviértelos en la visión de tu vida; haz un plan con ellos y trabaja el plan: haz un cronograma y organiza tu destino, escribe lo que serás. ¿Qué imágenes tienes de ti? ¿Qué serás?

____

____

____

3. Elige tu destino.

Escribe, lo que quieres ser y hacer. Elige tu destino, ora a Dios, él te puede iluminar y mostrar grandes sueños, visiones, deseos y tu vocación en lo interior de tu ser. Identifica tu vocación. Escribe.

____

____

____

4. Planea tu preparación personal.

Ahora planea cuantos años dedicarás en tu preparación personal. Para llevar a cabo tus sueños, recuerda que debes tener una preparación completa, acorde con los sueños a realizar. Solo así lograrás tu alto nivel. Decide qué vas a hacer, decide qué vas a estudiar ¿Cuál es tu elección?

____

____

____

5. Trabaja y haz un capital.

Dedica unos cuantos años para trabajar y hacer un capital inicial.

Haz tu inversión inicial, bien sea en una pequeña empresa o en terrenos. Si eres joven esfuérzate para que a tus treinta años ya estés en este paso en tu cronograma. Si eres mayor, revisa tu experiencia, tu experiencia es tu carrera y universidad de la vida, evalúa con sinceridad tu experiencia, lee más sobre lo que sabes, revisa tu crédito, y las posibilidades de préstamos para inversiones.

Puedes notar que hasta ahora han sido momentos de esfuerzo y sacrificio. Pero estamos colocando el fundamento, la base de nuestra vida. Somos como un plan arquitectónico. Para hacer un gran edificio debemos colocar una buena fundación. Estamos sobre la roca.

Escribe en tu plan, la realización y educación de tu familia, la ayuda a los necesitados, y a la comunidad, y tú plan económico de inversión.

6. Planea tu empresa.

Haz tu plan empresarial. De acuerdo con tu vocación has tu negocio, planea tu empresa, estas ingresando al nivel de administrar, ahora dejaras de ser un empleado. Debes pensar como gerente, y actuar como gerente, y ocupar tu cargo de gerente. Siempre serás un trabajador incansable, la gerencia tiene mayor responsabilidad que la del empleado. Ahora tú diriges el barco.

Por supuesto, el gerente tiene mayores retos. Recuerda: a mayor responsabilidad, mejores beneficios. De acuerdo con tu experiencia y estudio haz tu plan empresarial; sin embargo, nunca dejes de asesorarte de personas expertas. Necesitarás abogados, contadores, administradores, publicistas. Y Personal especializado en producción, ventas y finanzas.

7. Visualiza y haz un plan de inversiones.

> Aconsejo que la primera inversión debe ser la casa de la familia y un fondo de pensiones. Esta es la inversión mínima.

Dentro de este gran proceso ahora se debe visualizar una forma efectiva de inversiones. Aconsejo que la primera inversión debe ser la casa de la familia y un fondo de pensiones. Esta es la inversión mínima que debe hacer todo ser humano. Y de allí en adelante se desprenden muchas maneras de invertir, como propiedades, lotes, casas, apartamentos, empresas, locales comerciales, etc. Más adelante profundizaré sobre este tema. Recuerda: Nunca dejes de invertir.

D. Produccion por medio de recursos

LEY GAMA DE LOS RECURSOS. La mesa de seis patas. Ámbito de los recursos. Cinco recursos y aún seis.

1. Sea rico en recursos humanos. Valora tu condición de ser humano y el privilegio de vivir. Valora a cada ser humano que aporta el bien en tu crecimiento financiero. Ame a los que te rodean aun con sus deficiencias o con tus diferencias.

2. Sea rico en recursos técnicos. Valora tus habilidades y desarrolla tu capacidad al máximo. Valora las habilidades de cada persona y ayúdalos en su autorrealización. Promueve la educación especializada y nuevos niveles profesionales para los que te rodean.

3. Sea rico en recursos naturales o materiales. Gran parte de la administración y el éxito está en conocer y administrar bien las leyes de los recursos naturales o materiales. Un terreno, una planta, una casa, una máquina, un frasco de agua, una esquina, un local, una bodega, un negocio, etc. Cada recurso se puede convertir en una fuente de riquezas.

4. Sea rico en recursos financieros. Produce más dinero de lo que gastas, e invierte más de lo que consumes. No ames el dinero. Valóralo y respétalo.

5. Sea rico en recursos legales. Trata todo lo que te rodea con respeto. Nunca violes una ley por sencilla que sea. Las leyes son los rieles que te hacen andar con seguridad en el tren de tus negocios. El marco legal te provee la seguridad financiera y empresarial. Los principios nos mantienen con vida y en el éxito constante.

6. Sea rico en recursos espirituales. EL MAXIMO RECURSO. Los recursos espirituales son la base de los cinco recursos anteriores. Los recursos espirituales son el alma del éxito completo. "Busca primero el Reino de Dios y su justicia, y todas las demás, cosas os serán añadidas". (Mateo 6:34)

Generalmente en la universidad nos enseñan cinco clases de recursos; pero nunca del sexto recurso. Esta es la razón por la cual en gran parte somos débiles y frágiles. El sexto recurso es la seguridad del respaldo divino. La fe es poderosa al momento de planear y actuar. Los principios legales son fundamentados y firmes, el derecho y el respeto al bien ajeno es primordial, la vida y el valor humano está por encima de la ganancia, cuando el sexto recurso los cubre.

> Ame a los que te rodean aun con sus deficiencias o con tus diferencias.

Realmente, el sexto recurso es el máximo recurso, sobresale en su manifestación cuando estamos en crisis. El Señor de la puerta de Nain, cuando se lleva el hijo a enterrar, tiene la solución, El Señor de Betania, cuando el hermano ha fallecido, tiene la solución. Mantente firme en el máximo recurso. El Señor en medio de la tempestad tiene la solución.

El testimonio de Pedro. Cuando el Señor viene a tu barca todo se multiplica. El máximo recurso multiplica y bendice a todos los demás recursos. Solamente los recursos de compasión, misericordia y bondad te hacen una bendición para el mundo.

E. Sistemas de producción financiera

Nunca dejes de producir. Produces cuando trabajas, produces cuando ahorras, produces cuando inviertes, produces cuando creces. Nunca dejes de crecer. Crece en el bien, crece en finanzas, crece en conocimiento, crece en valores espirituales. No te preocupes por el dinero, concéntrate en tus sistemas productivos, así destruirás tus preocupaciones.

Producir es Invertir. Invierte por medio del trabajo, por medio de diligencia, por medio de la compra de vivienda. Por medio de ahorro de pensión, por medio de buenas inversiones. Ganancias indirectas. Por medio de compras apropiadas. Compre solo lo que necesite, y revise cantidad, calidad y precios. Produce por medio de buenas contrataciones. Evite errores y pérdidas.

F. Produce por medio de inversiones

Las inversiones son la forma más efectiva para aumentar capitales y producir grandes ganancias.

Para prosperar con fundamento es necesario invertir.

LEY GAMA DE LAS INVERSIONES. Invierta verdaderamente.

Para convertir lo pequeño en grande es necesario invertir. Para prosperar con fundamento es necesario invertir.

(En el capítulo seis les hablaré sobre las leyes de la inversión financiera)

CAPÍTULO IV

LEYES DE LA DISTRIBUCION FINANCIERA

Claves de la distribución financiera inteligente

La vida de éxito, es un sistema. Para lograr el éxito en todas las áreas de la vida debemos tener un sistema, que garantice nuestro éxito. De la misma forma existe un sistema, una forma de producción financiera inteligente de éxito; así, también existe un sistema de distribución financiera inteligente.

Veamos diferentes leyes y principios sobre la distribución financiera de éxito.

Para alcanzar grandes ganancias, y aumentar los recursos, y llegar a lo mucho, es muy importante tener en cuenta la distribución financiera de éxito. Ella nos permitirá medir de una manera precisa los gastos y las inversiones. Para llegar a lo mucho se requiere ganar más y gastar menos. La distribución financiera inteligente tendrá el poder de convertir la profecía en realidad. "En lo mucho te pondré".

> Para lograr el éxito en todas las áreas de la vida debemos tener un sistema, que garantice nuestro éxito.

> Para llegar a lo mucho se requiere ganar más y gastar menos.

Veamos las leyes de la distribución financiera inteligente, y convirtámoslas en parte de nuestra inteligencia y personalidad financiera. Permitamos que estas leyes sean parte de nuestro diario vivir, realización, y éxito.

A. Ley gama del desarrollo personal financiero. Los tres estadios de la vida financiera

Hablemos acerca del campo del desarrollo de la personalidad y de la inteligencia financiera y su efectividad.

Los primeros treinta años son la etapa de preparación, allí se estudia, se experimenta, se ahorra, se crea una base, se trabaja para otros y se crea una personalidad en los valores del éxito integral.

De los treinta años a los cincuenta: se trabaja para sí mismo, se ahorra e invierte.

De los cincuenta años en adelante: se administran los bienes, pues ellos trabajan para el inversionista. ¡O sea, para usted!

Este libro está programado para que en el futuro usted esté en la cima y en su vida se cumpla esta profecía: "en lo mucho te pondré".

Veamos el dibujo del plano cartesiano, con los estadios del comportamiento de la personalidad e inteligencia financiera, su desarrollo y efectividad.

Productividad

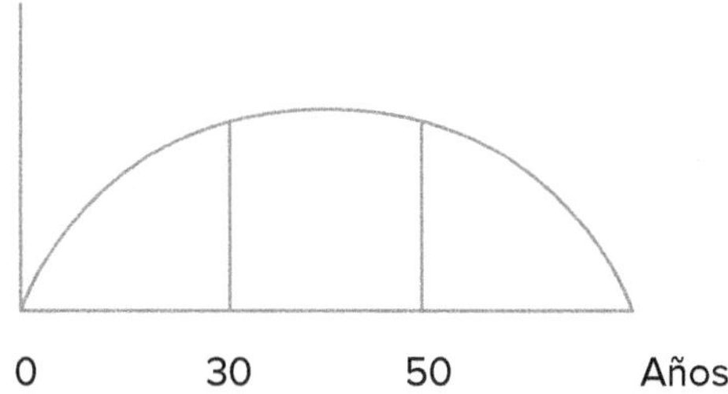

Ahora llegó la hora de evaluar: ¿Cuántos años tenemos y cómo vamos en nuestro recorrido financiero por la vida? Por Favor no se me asuste, ni se me acompleje. Estamos en el mejor momento. El momento de comenzar, y avanzar, y crecer en nuestra vida financiera.

En mi vida personal sigo haciendo planes, sigo haciendo inversiones; veo crecer a mis amigos, a mis seres queridos, a mis bellas hijas, a mis yernos y nietos. Realmente estoy feliz. ¡Adelante! ¡Adelante! Quiero que estés realizado y feliz. "En lo mucho te pondré".

B. Ley gama del desarrollo financiero

Hay cuatro niveles que se deben visualizar en el desarrollo financiero. Visión del trabajador en desarrollo, visión del auto empresario, visión del empresario gerente, visión del empresario inversionista.

Hay cuatro niveles que se deben visualizar en el desarrollo financiero.

Veamos esta ley en la escalera del proceso, en el éxito financiero.

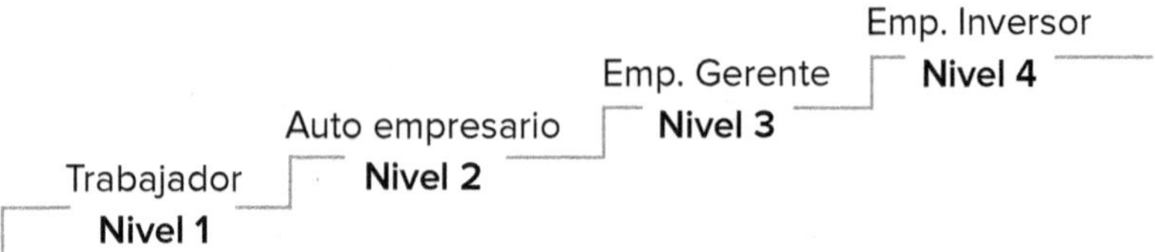

1. En primer lugar, está la función de TRABAJADOR EN DESARROLLO. Todos debemos pasar por la disciplina y formación laboral, es la base para desarrollar un carácter y una personalidad productiva y constante. Dedica unos años para ser el mejor trabajador de una empresa. Es el inicio para hacer un capital, y establecerse en un ámbito bancario y crediticio.

2. En segundo lugar, existe la figura del AUTO EMPRESARIO. Es aquel hombre que decide hacer su microempresa; el cual lo hace todo, él es el departamento de producción, él representa el departamento de ventas (él es el vendedor), y él es el departamento de finanzas (él cobra, cuenta el dinero y paga las cuentas). El día que él se enferma no se produce nada, él considera que solo él puede hacer las cosas bien, y esto le da seguridad; además, considera que su trabajo es suficiente y no se le debe dar la oportunidad a otros. Es un nivel económico muy limitado, muy esclavizante y con poco futuro.

3. En tercer lugar, está el EMPRESARIO GERENTE. Es otro nivel empresarial más avanzado. El EM-

PRESARIO GERENTE se ha rodeado de un equipo de personas calificadas que hacen andar la producción; además, expertos en márquetin, los cuales mantienen un alto nivel de ventas; también, un departamento de finanzas honesto, encargado de la administración financiera.

En este nivel, el empresario gerente puede irse de vacaciones, la empresa sigue su marcha, sigue produciendo, puede aún supervisar y controlar el avance empresarial por medio del internet, solicitar informes, movimientos y comportamientos empresariales; además, la empresa continúa engrandeciendo sus capitales cada día.

En este nivel el empresario gerente aprende a abrir nuevas sucursales alrededor del mundo. En este nivel se abren nuevos horizontes, el aumento de capitales le permite entrar en el nivel de los inversionistas. Se considera que a partir de este nivel se puede disfrutar lo mejor de la vida.

4. En cuarto lugar, está el EMPRESARIO INVERSIONISTA. Este es un nivel empresarial máximo, donde los capitales trabajan por si solos. El empresario inversionista recibe ganancias constantes producidas por sus inversiones. Todo nivel requiere de trabajo. El inversionista debe controlar que se hagan los pagos, el mantenimiento a las propiedades, y evaluar el constante cambio de precio de los activos y sus ganancias; el inversionista nunca se detiene, constantemente continúa haciendo inversiones y haciendo crecer su capital. En este nivel se disfruta y se vive lo mejor de la vida.

Ahora revisemos en qué nivel estamos. ¿Somos Trabajadores de una empresa sencilla? ¿Somos

> De acuerdo con el nivel en que estés. Haz planes para superar tu propio nivel. Estudia, planea, actúa e invierte.

trabajadores de una gran empresa? ¿Ya dimos el paso de ser auto empresarios? ¿Ya somos empresarios gerentes? ¿Ahora queremos entrar en el mundo de las inversiones? De acuerdo con el nivel en que estés. Haz planes para superar tu propio nivel. Estudia, planea, actúa e invierte. ¡Adelante! ¡Adelante!

C. Ley gama del pastel del éxito financiero. Distribución financiera equivalente

El Pastel del éxito es un pastel dividido en cuatro pedazos iguales. Vive con un pedazo, disfruta un pedazo, siembra un pedazo, invierte un pedazo. En esta ley la mitad del pastel se utiliza para vivir y disfrutar, pues el inversor merece vivir y disfrutar del esfuerzo de su trabajo. El otro 25% se siembra en donaciones e impuestos, y el último 25% se aplica a las inversiones. Recuerda: Nunca dejes de invertir y en lo mucho te pondré.

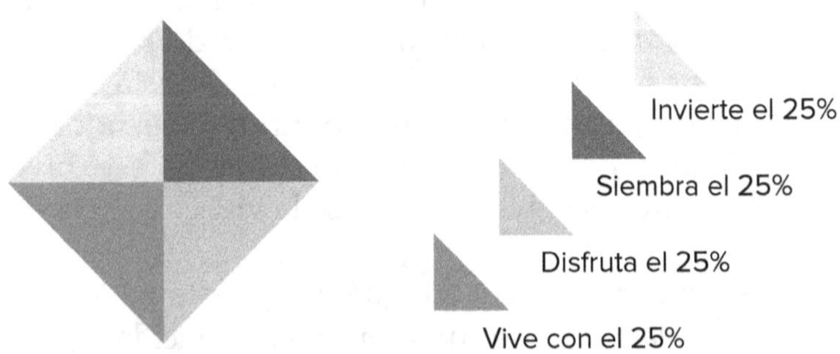

D. Ley gama de los cinco dólares. Mayor fuerza de inversión

Esta ley de los cinco dólares se distribuye así:

Gasta dos, siembra uno, e invierte dos.

Gasta dos: vive y disfruta al máximo del esfuerzo de tu trabajo.

Siembra uno: impuestos, donaciones son inversiones.

Invierte dos. Compra casa para vivir, compra propiedades para capitalizar, compra propiedades para rentar, funda corporaciones y empresas, invierte en una pensión para el futuro. La pensión no es un pago, es una inversión. Como se puede ver esta ley es muy fuerte en la inversión, y permitirá llegar más rápido al nivel de lo mucho.

E. Ley gama de la generosidad

El triángulo del hombre sembrador, inteligente y generoso. 1) Siembre en Dios, 2) siembre en la familia, 3) siembre en los necesitados. De esta forma se siembra para el futuro.

El hombre inteligente y generoso será muy bendecido. Una joven llamada Tabita vivía en Jope, hacia vestidos y daba ofrendas a las viudas y necesitados. Un día enfermó y falleció. El apóstol Pedro fue y oró por ella, y el Señor Todopoderoso la resucitó. Fue una mujer que merecía ser resucitada.

"Bienaventurado el que piensa en el pobre en el día malo lo librará el Señor Dios Eterno". (Salmos 41:1)

F. Ley gama del presupuesto familiar

Economía y arquitectura de una vida de éxito familiar.

Vamos a ilustrar nuestro presupuesto familiar con un modelo de prioridades de vida y con una vivienda de forma arquitectónica.

Alimentación: Prioridad uno. Recurso vital. Tu casa tiene: cocina, alacena y refrigerador. Llena de los mejores alimentos tu casa.

Vivienda. Paso dos, Protección. Tu casa tiene: Habitaciones, Sala y comedor. Es tu nido de amor y protección.

Educación. Paso tres. Autorrealización. Conocimiento. Tu casa tiene: Estudio, Biblioteca, Internet. Invierte en el tesoro de la educación, es la base de las riquezas.

Vestido. Paso cuatro. Dignidad. Protección del calor, y el frío, y la salud. Tu casa tiene: closet y laundry con lavadora y secadora. No compre marca, compra buena calidad.

Salud. Paso cinco. Fuerza productiva. Plan de salud. Tu casa tiene: Sanitarios y duchas. Mantente sano, y vela por la salud de cada miembro de tu familia.

Recreación. Paso seis. Bienestar. Alegría y vacaciones, estado de ánimo. Tu casa tiene: Gateroom (sala de juegos), patio, parque. Disfruta cada día la alegría familiar. Sea divertido.

Transportación. Paso siete. Movimientos productivos. Distancia. Tu casa tiene: carro, garaje, parqueadero. Dependiendo de los miembros de la familia, así se requiere el vehículo; además dependiendo la empresa así deben ser los vehículos. No compres lo que no necesitas. Compra solo lo que realmente necesitas.

Ahorro e inversión. Paso ocho. Futuro, Seguridad y Valor. Nunca dejes de invertir, Tenga en cuenta este presupuesto y valora las prioridades y en lo mucho te pondré.

Vamos a la práctica. Hagamos un presupuesto preciso y correcto. Tenga en cuenta los siguientes parámetros.

Valora tu presupuesto. El presupuesto nos permite analizar la capacidad de ahorro e inversión que tendremos en el presente y el futuro.

Primero revisemos los ingresos. Los ingresos nos muestran nuestra capacidad productiva, y si debemos mejorarla.

No compres lo que no necesitas. Compra solo lo que realmente necesitas.

INGRESOS   _______________________

EGRESOS. Son los gastos o salidas que tenemos bien sean diarias semanales, mensuales o anuales. Y los distribuimos así:

Alimentación   _______________________

Vivienda   _______________________

Educación   _______________________

Vestido   _______________________

Salud   _______________________

Recreación   _______________________

Trasportación   _______________________

Ahorro e inversión   _______________________

Como dijimos anteriormente esta es una práctica rigurosa, que se debe hacer con carácter firme y constante. El presupuesto no nos debe dominar, nosotros debemos dominar el presupuesto.

Si adquirimos el carácter del presupuesto personal, podremos manejar con disciplina el presupuesto Empresarial.

G. Ley gama del Presupuesto Empresarial

Costos de producción 30%
Costos de mano de obra 30%
Costos empresariales y utilidades 30%
Costos de ventas 5%
Costos Financieros 5%

Supere el temor a las matemáticas. Las matemáticas son herramientas supremamente importantes en la administración de presupuestos y en la ejecución de proyectos. Al principio son retadoras, pero con el tiempo se convierten en nuestras grandes amigas de control y valoración de las inversiones y los resultados. Haga ejercicios matemáticos. Haga un presupuesto y ajústelo; de tal manera, que puedas comenzar haciendo un ahorro inicial para tus inversiones.

Dentro de estas leyes GAMA están tus proyecciones, tus planes y tus logros. Revíselas, y de acuerdo con tu capacidad financiera, comience aplicando la ley que mejor te sirva. Lo importante es que estas leyes se vuelvan parte de tus disciplinas de vida financiera, parte de tus metas y parte de tus logros; mi deseo es tu desarrollo personal y éxito con Dios, con tu familia, con tu comunidad, y con tu realización como profesional y empresario.

> Haga un presupuesto y ajústelo; de tal manera, que puedas comenzar haciendo un ahorro inicial para tus inversiones.

CAPÍTULO V

LEYES DEL CONSUMO FINANCIERO

"Por qué gastáis vuestro dinero en lo que no es pan, y en lo que no sacia" (Isaías 55:1).

Ley gama del consumo. Si no lo necesitas, no lo compres

La ley del consumo nos enseña: Solo se compra lo que es realmente necesario. Todo el tiempo estamos comprando bienes y servicios. La oferta constante es sumamente seductora. Las nuevas tendencias (se podría decir que) nos obligan a comprar productos que no necesitamos. Frente a tanta seducción comercial debemos afirmar el carácter en el principio: solo se compra lo que es realmente necesario.

Resista con valor a la oferta constante. Revise bien al adquirir recursos: la necesidad real, la calidad, la cantidad, y el precio. Cuídese de la publicidad mal intencionada, te puede convertir en una víctima. La publicidad del odio te puede convertir en una víctima del odio, la publicidad del aborrecimiento te puede convertir en víctima

> La ley del consumo nos enseña: Solo se compra lo que es realmente necesario.

del resentimiento. La publicidad del endeudamiento te puede convertir en un esclavo.

Es necesario tener resistencia a la oferta del mundo comercial. Aprenda a decir: ¡No! Es bueno ser mal comprador. Así este en oferta a mitad de precio, diga: ¡NO! Así le ofrezcan que va ganar el mundo entero, diga: ¡NO! Si no lo necesita no lo compre. Compre solo lo verdaderamente necesario.

> Resista con valor a la oferta constante.

Así como la producción y la distribución financiera requieren de un sistema; de la misma manera, el consumo requiere de un sistema mental, emocional y disciplinado. El vendedor efectivo le ofrecerá su producto como lo mejor del mundo, con la intención de mover sus emociones, y que usted le compre, así sea basura lo que le vende.

Tenga en cuenta esta verdad: gran parte de las cosas que nos venden es basura. Hay países en el mundo dedicados a producir, artículos que son basura. A los tres o seis meses usted se da cuenta que ciertos artículos que le regalaron, le estorban, y no sabe qué hacer con ellos; y al final terminan en el recipiente de la basura. Un buen consejo: No compre basura, ni regale basura. La basura se conoce porque no cubre ninguna necesidad.

El consumo representa una actividad que se da en ciclos constantes; pues, todo lo que se produce es para consumir, y este consumo requiere de una producción constante para satisfacer las necesidades presentes y futuras. Así que el consumir más requiere de más dinero para sostener su consumo. Pero a la vez el que más produce y vende es el que más prospera y se hace rico y poderoso. Por esta razón, el que gana más y consume menos, es el que se vuelve millonario.

La ley del éxito financiero está en consumir menos e invertir más. Recuerda la ley del pastel del éxito: Vive con una parte de tus ganancias, disfruta una parte de tus ganancias, siembra una parte de tus ganancias e invierte una parte de tus ganancias.

Tenga en cuenta esta verdad: gran parte de las cosas que nos venden es basura.

Amplia tu capacidad de inversión. Consume menos e invierte más. Si deseas tener mayor capacidad de inversión, entonces aplica la ley de los cinco dólares. Vive y disfruta dos, siembra uno, e invierte dos. En esta medida vivirás con el 40% de tus ingresos, un 20% se siembran en donaciones e impuestos, y un 40% se dedicará a las inversiones.

Tenga muy en cuenta este planteamiento. Cuando las inversiones son gigantes, las ganancias son abundantes y los consumos son mínimos. Los consumos son desafiantes y muy controlados para la mayoría de las personas, porque la producción y ganancias son mínimas. Cuando vemos a las personas disfrutar

La ley del éxito financiero está en consumir menos e invertir más.

lo mejor de la vida, es porque han creado sistemas productivos por encima de su consumo.

El dinero no nos debe preocupar. Lo que realmente debemos hacer es crear sistemas productivos, que nos permitan vivir agradablemente, compartir en familia y crear un sistema seguro para el futuro. Es muy posible que al principio no se pueda consumir lo que deseamos; pero con un sistema económico estable y sólido, seguro que lo lograremos.

> El dinero no nos debe preocupar. Lo que realmente debemos hacer es crear sistemas productivos.

Usted gana cuando compra bien. En los diferentes niveles de la vida debemos aprender a comprar exitosamente. Si es en el consumo familiar ganas cuando compras bien. En la adquisición de productos para producir bienes y servicio para la comunidad ganamos cuando compramos bien. En el mundo de las inversiones, ganas cuando compras bien; cuando aprovechas la oferta de una casa a bajo precio ganas, y ganas solo porque compras bien.

Ahora surge la gran pregunta ¿Qué es comprar bien? Veamos algunas leyes para comprar bien.

A. Revisemos la verdadera NECESIDAD

Lo primero que vamos a analizar para comprar bienes y servicios, y hacer inversiones, es la verdadera NECESIDAD. ¿Compre solo lo que realmente es necesario? Aunque esté en oferta no lo compres, si no lo necesitas no lo compres. Compre el vestido que necesita realmente. Compre la cantidad exacta de productos que consume. Compre la cantidad exacta de productos que requiere la empresa. Compre las herramientas precisas que se requieren para funcionar. Compre el carro que realmente requiere la familia o la empresa. Evite suntuosismos o lujos innecesarios.

> Aunque esté en oferta no lo compres, si no lo necesitas no lo compres.

B. Revisemos la CALIDAD

Lo segundo que debemos tener en cuenta es la CALIDAD. Por ejemplo: si es una prenda de vestir o unos zapatos o las llantas de un carro. Se debe medir su durabilidad. Te han dicho que ciertas marcas son durables. Compruébelo. Pregunte a sus amigos, cuidado con la publicidad masiva (Te pueden estar mintiendo). Las buenas marcas, durables y de calidad no necesitan publicidad, los usuarios normalmente la hacen.

> Las buenas marcas, durables y de calidad no necesitan publicidad, los usuarios normalmente la hacen.

Vamos a hacer negocios, compre cosas buenas y venda cosas buenas. Vamos a hacer una inversión de una casa para reparar y vender. Revise la calidad del lugar si es seguro, (por ejemplo: si no se inunda, o es un lugar de riesgo). Revise la calidad de los materiales en que está hecha, revise como ha sido el cuidado de la mansión. Revise como es el vecindario. Estos solo son algunos detalles y ejemplos de calidad.

C. Revisemos la CANTIDAD

Lo tercero que debemos tener en cuenta a la hora de consumir, es la CANTIDAD. ¿Cuánto recibes por lo que pagas? Por ejemplo: Hemos revisado la casa que vamos a comprar, hemos comprobado que su CALIDAD es buena. Ahora veamos su tamaño. ¿Qué tan grande es? Revisemos sus cuartos que tan grandes son, sus salas y comedores, cuantas habitaciones tiene, sus baños y duchas, garajes, el área del terreno. Esto nos dará un punto de comparación con otras casas que se venden en el sector. Recuerda siempre ganan los que saben comprar.

> Recuerda siempre ganan los que saben comprar.

D. Revisemos el PRECIO

En cuarto lugar, analicemos el precio; pues, esto lo determinan diferentes factores y allí es donde se puede lograr la ganancia. La compra pde un bien puede ser modificado de acuerdo con la calidad, la utilidad, y la cantidad de lo que nos venden. Ejemplo: (Volvamos a los negocios) revisemos la casa que estamos comprando. La casa está en oferta. Miremos realmente si está en oferta. La casa tiene

3000 pies cuadrados, su terreno es de 20.000 pies cuadrados. Está en un buen lugar de la ciudad, el vecindario es de profesionales y muy seguro. Y su precio es de 800.000 dólares, y está en muy buenas condiciones.

También se presenta otra oferta, por la misma calle se vende otra casa en 700.000 dólares con las mismas cualidades; sin embargo, a esta última casa se le deben hacer arreglos por ciento setenta y cinco mil dólares. ¿Cuál de las dos compramos? ¿Cuál es el mejor precio? ¿Cuál es el mejor negocio?

Siempre, compra lo mejor, y ganarás.

LEYES DE LA INVERSION FINANCIERA

Invierte verdaderamente. Para convertir lo pequeño en grande es necesario invertir. Para prosperar con fundamento es necesario invertir.

Definamos que es una inversión. Una inversión permite que al comprar el elemento ya estas ganando. Por ejemplo: compras una casa hoy en 500.000 dólares. En tres meses la vendemos en 550.000 dólares. Esto es una inversión. Otro ejemplo: se compra un carro en 50.000 dólares, al mes siguiente lo vas a vender y solo te dan 40.000 dólares. Esto no es, no es, no es una inversión. Un hombre trajo un coche de lujo y le dijo a su esposa: te presento mi peor inversión. Todo lo que se deprecia no es inversión, así tenga diamantes.

Veamos los mejores tipos de inversiones.

Invierte en tu casa. Invierte en tu pensión, invierte en terrenos, invierte

> Una inversión permite que al comprar el elemento ya estas ganando.

en apartamentos para arrendar, en locales comerciales, invierte en casas destruidas para arreglar, invierte en empresas e incorporaciones, invierte en las mejores acciones, invierte en gente buena. Invierte escribiendo. Invierte en tu conocimiento. Invierte en tu salud. Para prosperar con fundamento es necesario invertir.

> Para prosperar con fundamento es necesario invertir.

Veamos los mejores tipos de inversiones.

A. Invierte en tu casa

Cuando compramos nuestra propia casa alcanzamos como mínimo cinco beneficios, el primero es que usted disfruta su casa. Lo segundo, cada vez que pagas tu cuota al banco estas amortizando dinero a una deuda y debes menos. Lo tercero, cada día tu casa vale más y tu capital está aumentando. Lo cuarto, con el tiempo terminas viviendo en una casa súper barata, si comparas con las demás rentas, y lo quinto, con el tiempo tienes un capital. Todos necesitamos donde vivir. Si rentas no capitalizas nada. Compra tu casa.

B. Invierte en tu pensión

Una buena vida es tener una buena pensión. Paga con alegría tu fondo de pensiones. Es un gran ahorro. Con los años se puede perder la capacidad productiva; pero que bello saber que su dinero llegará cada mes a su cuenta bancaria. Aconsejo invertir en una buena pensión, así seas rico. Que paz tan grande da una buena pensión.

Por supuesto, que algunos estarán diciendo: pero es mejor invertir ese dinero en un edificio. La diferencia es que con los años el edificio se debe continuar haciéndole mantenimiento y administrándolo. La pensión no. Con la pensión puedes estar en cualquier lugar del mundo sin preocupaciones.

Un buen asesor es necesario para una buena pensión. Un buen contador responsable te orienta a pagar buenos impuestos y ellos te permiten recibir una buena pensión. Especialmente en los Estados Unidos, cuando no se pagan impuestos, al final del tiempo se tiene muy poca pensión o nada. Si pagas una buena pensión, ella te garantiza un buen futuro financiero, médico y tranquilo.

> Aconsejo invertir en una buena pensión, así seas rico. Que paz tan grande da una buena pensión.

Escucho motivadores de inversiones que atacan los sistemas de pensiones, y aun pagar impuesto. Estos planteamientos carecen de equilibrio. Todo es súper necesario. Invierte en grandes edificios, compra tu casa, e invierte en una buena pensión. Esto es equilibrio financiero.

C. Invierte en activos realmente productivos

Una de las buenas formas de inversión, son los terrenos. La ventaja de comprar terrenos, en la mayoría de los casos el mantenimiento es mínimo, y los impuestos son bajos. Este tipo de inversiones se hacen a largo plazo, de manera silenciosa el capital del terreno produce capital. Recuerdo cuando mi Hija estudiaba arquitectura en la Universidad de Houston noté que le estaban haciendo préstamos para su estudio y siempre le sobraba una buena cantidad de dinero, y esto generalmente termina en hamburguesas, bolsos, zapatos y correas si no se aplica bien.

Le dije: Haz tu primera inversión, cómprate un terreno. Se alegró de la propuesta. Me puse a la búsqueda y efectivamente encontré un terreno bello de acre y medio, que lo estaban vendiendo súper barato; fuimos a verlo y era realmente un buen terreno. Lo compramos con gastos de escrituración como en 7.000 dólares. Pasó el tiempo y en la actualidad mi hija cuenta con un capital de 50.000 dólares, la inversión se volvió un gran capital en pocos años, comparado con la pequeña inversión. De esta forma hemos invertido en varios terrenos y son muy buenas y milagrosas las ganancias. Este tipo de inversiones son buenas cuando se comienzan a hacer capitales. La multiplicación de los capitales se puede notar en estas pequeñas inversiones.

D. Invierte en apartamentos y locales para arrendar

Hace años decidimos con mi esposa montar un negocio. Lo primero que necesitábamos era un local comercial, bien ubicado para el negocio. Encontramos un local cerca de una esquina, con el tiempo descubrimos que el local estaba en una gran casa, tenía tres locales más y tres apartamentos. El dueño era un señor pensionado, el cual vivía tranquilo y seguro. Sus apartamentos y locales le producían suficiente dinero para vivir muy bien.

E. Invierte en locales comerciales

Invertir en estos inmuebles, es un gran negocio. Especialmente cuando es un bloque exclusivo de locales comerciales, la ventaja de estos inmuebles es que requieren de muy poco mantenimiento; pues, generalmente el cliente es el encargado de su decoración y mantenimiento a su gusto. Especialmente los grandes inversionistas en Estados Unidos invierten en este tipo de edificios.

F. Invierte en casas destruidas para arreglar

Otro gran negocio, que lo podemos ver hasta divertido en videos es el negocio de inversionistas dedicados a comprar, restaurar o remodelar viviendas o edificios y vender. En este tipo de inversiones generalmente a mayor inversión mayor ganancia. Se puede comprar una casa algo destruida o abandonada, en 300.000 dólares, se le hace una inversión de 100.000 y se vende en 500.000, durante un cronograma de tres o cuatro meses. Son negocios e inversiones espectaculares.

G. Invierte en empresas agrícolas

Los genios de las inversiones en el mundo actual están invirtiendo en terrenos gigantes. Según los estudios de comportamientos sociales se avecina un gran cambio en el comportamiento de los seres humanos. El pensamiento actual cree que solo de computador vivirá el hombre. Los computadores y los sistemas inteligentes son herramientas que pueden convertir el planeta en un mejor mundo, con una mejor calidad de vida; sin embargo, no pueden proveer alimento.

Esto nos lleva a creer y considerar que se debe conectar la tecnología a la vida agrícola. De lo contrario quedaremos sin alimentos y nos tocará comer computadores y redes sociales. Aplicando la Ley Gama, que dice: "en el mundo de las necesidades los inteligentes se vuelven ricos". Los inteligentes se están preparando para hacer grandes empresas agrícolas.

H. Invierte en empresas e incorporaciones

Para hacer este tipo de inversiones, es bueno especializarse en la administración de negocios. Recomiendo, que de acuerdo con la mayor inclinación y preparación te dediques en tu área. Para facilitar la idea:" Zapatero a tu Zapato". Generalmente en lo que conocemos y nos hemos especializado, allí es donde está el éxito. Más adelante haremos un ejercicio de cómo hacer el montaje de nuestra propia empresa.

I. Invierte en las mejores acciones

Este es un tema muy interesante y un sistema financiero que se debe manejar con pinzas de experiencia. Sería bueno comenzar con poco. Y especializarnos inicialmente en la práctica de inversiones en la bolsa. Para esto se requiere hacer una investigación para conocer con precisión que empresas están en continuo crecimiento y solidez. Se considera que las comercializadoras sólidas de muchos años nos pueden garantizar ganancias, no muy elevadas, pero sí muy sólidas.

Hay una ley experimental que dice: que donde se gana mucho el riesgo es mucho. Otra cosa es que entre más se extiende un negocio su riesgo por sistemas de control aumenta. Pongamos un ejemplo en este momento Amazon. Es una compañía con grandes ganancias, su mejor ejemplo: su dueño es uno de los hombres más ricos del mundo. Podríamos creer que esta es la compañía estrella; sin embargo, a medida que aumentan las inversiones los capitales muchas veces se vuelven improductivos. Esto hace que los accionistas tengan grandes pérdidas. Le animo a que comience con poco, se asesore bien y adquiera experiencia.

> Hay una ley experimental que dice: que donde se gana mucho el riesgo es mucho.

J. Invierte en gente buena

Sembrar en personas muchas veces se puede creer que es perder; sin embargo, sería bueno hacernos esta pregunta: ¿Es bueno invertir en la educación de nuestros hijos? Por supuesto que sí, es muy bueno hacer de nuestros hijos empresarios, ministros de Dios que le sirva con amor a la comunidad, científicos, médicos, administradores públicos que sean alcaldes, senadores, presidentes. A veces hay personas que quieren surgir, pero les faltan recursos o quieren comenzar un nuevo negocio y les falta el dinero inicial.

Es bueno que dentro de tu plan de inversiones, tengas una parte para sembrar y enriquecer a los huérfanos, a los pobres, a mujeres abandonadas, y a extranjeros que se han desubicado por los problemas y presiones sociales.

¡Qué bueno es ayudar a que otros suban y lleguen a la cima! En la medida que tu subes otros suben, y en la media que haces subir a otros, tu subes.

K. Invierte escribiendo

Uno de los grandes retos es escribir. Requiere de mucha disciplina, madurez, experiencia y mucho conocimiento. Escribamos para enriquecer al mundo. Recuerde, que uno de los grandes retos del hombre es sembrar un árbol, tener un hijo y escribir un libro. Investigue, los contenidos de los libros de éxito, las empresas editoras, y todo lo relacionado con escribir bien, edición, y comercialización. Un buen escritor se puede convertir en multimillonario y tener ganancias para toda su vida.

> Un buen escritor se puede convertir en multimillonario y tener ganancias para toda su vida.

L. Invierte en la mayor inversión

Invierte en Él, te da la vida, el aire que respiras, las fuerzas, la inteligencia, cuando lo veas sin comer invierte en Él, cuando lo veas desnudo invierte en Él, cuando lo veas pequeño y llorando invierte en Él, cuando lo veas esclavo invierte en Él, lo veas enfermo y sufriendo invierte en Él, cuando lo veas sin esperanza en la cárcel invierte en Él.

Y al final del día y de la vida, con alegría dile gracias, porque todavía puedo ser una bendición. Gracias por haber invertido tu vida en mí, tu sabiduría en mí, y tu amor en mí. Reconozco que soy tu inversión en la tierra, soy una inversión que proviene de ti; mis manos son tus manos, y mi voz tu voz, que bendice tu universo y tu creación.

¡Invierte, y nunca dejes de invertir!

CAPÍTULO VII

LEYES DE LA PROYECCIÓN DIVINA

Comienza y no te detengas, viene lo grande, hay mayor luz, un nuevo escalón que subir, una gloria mayor que disfrutar y vivir.

"Aunque tu principio haya sido pequeño, tu postrer estado será muy grande" (Job 8:7).

Quise dejar este capítulo para este momento; pues considero que ya estás en un nivel superior de comprensión financiera; y será más fácil asimilar estos tesoros de las leyes divinas de proyección

Para alcanzar los nuevos niveles de la vida financiera debemos comprender las proyecciones Divinas.

De forma maestra, cómo el Dios Todopoderosos del universo, Él nos enseña e ilumina la mente, el corazón y el espíritu, para que podamos alumbrar el camino del éxito hacia dónde vamos.

Estas leyes de proyección divina han sido reveladas por el Señor a mi vida, por medio del

> Para alcanzar los nuevos niveles de la vida financiera debemos comprender las proyecciones Divinas.

Espíritu Santo y sus Sagradas Escrituras. Quiero que entiendas que no son mías. Son leyes directamente registradas por Dios en su manual de tesoros, la Santa Biblia. Estas leyes te van a inspirar, y a fortalecer y catapultar tu visión de la vida, para que todo lo que emprendas avance y te sea prosperado.

Veamos las leyes de la proyección divina.

A. Ley de la proyección. "DE LO PEQUEÑO A LO GRANDE"

Generalmente, cuando vemos que es muy poco o nada lo que tenemos, tenemos la tendencia a desanimarnos; Pero, lo bello y maravillosos es que esta ley nos hace ver lo pequeño como una semilla que se convertirá en algo muy grande, esta ley nos llena de fe y nos hace ver que podemos convertir lo pequeño en grande.

Un sabio del oriente dijo:

"Si tú de mañana buscares a Dios, y rogares al Todopoderoso; si fueres limpio y recto, ciertamente Dios se despertará por ti, y hará próspera la morada de tu justicia. Y aunque tu principio haya sido pequeño, tu postrer estado será muy grande" (Job 8:5-7).

La proyección es la visión del éxito. Aprende esta ley: todo lo pequeño se puede volver grande. Todo comienza pequeño y se vuelve grande. No pelee con lo que Dios te dio. Dios no ha programado fracasos para usted; Dios ha programado cosas grandes para los que lo aman.

Dios ha programado bendecirnos dentro de la ley del proceso y convertir lo pequeño en grande. Tú eras microscópico. TU MISMO SERÁS MUY GRANDE. Todo tu éxito y proyección se logra en tu tiempo de preparación, en tu tiempo de ubicación y ahorro, en tu tiempo de inversión, y en tu tiempo de multiplicación. "Aunque tú principio haya sido pequeño, tu postrer estado será muy grande".

> Dios ha programado bendecirnos dentro de la ley del proceso y convertir lo pequeño en grande.

Todo el éxito personal está dentro ti, está en la ley del proceso, y en la proyección. "Su Señor le dijo: Bien, buen siervo y fiel; sobre poco has sido fiel, en lo mucho te pondré..." (Mateo 25:21). Comienza con lo poco que Dios te ha puesto en las manos, "y en lo mucho te pondré".

B. Ley de la iluminación.
MAYOR EXPANSION CADA DIA

Dentro de las leyes naturales el Dios Maravilloso del universo nos ilustra cómo se proyecta la vida en todos los aspectos de sus hijos justos.

"Más la senda de los justos es como la luz de la aurora, que va en aumento hasta que el día es perfecto" (Proverbios 4:18)

Cada día habrá mayores conocimientos, nuevas estrategias, más posibilidades, más recursos, más sueños, visiones más grandes, más estrategias mentales, más descubrimientos científicos, más tecnología. La luz aumentará, y amanecerá y vendrá el tiempo de la expansión.

Jesús les profetizó a sus discípulos: "Pero recibiréis poder cuando haya venido sobre vosotros el espíritu Santo, y me seréis testigos en Jerusalén, en toda Judea, en Samaria y hasta lo último de la tierra" (Hechos 1:8).

Esta era una profecía expansiva, era una luz de lo que el Señor Jesucristo haría con ellos.

En los estudios del libro de Los Hechos de los Apóstoles, y en el estudio de la historia de la iglesia de los tres primeros siglos fue así. La iglesia se expandió, e invadió el mundo conocido, con la salvación de Jesucristo en los primeros doscientos años. Ellos tuvieron la luz, ellos vieron su amanecer.

> La luz aumentará, y amanecerá y vendrá el tiempo de la expansión.

De la misma forma Dios ilumina nuestras mentes hoy; y expande nuestra visión en todos los aspectos. Hay mayor luz para nuestra vida cada día. Esta amaneciendo, lo más grande, y lo mejor para nuestras vidas está por venir.

En la Ley de la expansión no hay límites.

Jesús dijo: "De cierto, de cierto os digo: El que en mi cree, las obras que yo hago, el las hará también; y aún mayores hará, porque yo voy al Padre. Y todo lo que pidiereis al Padre en mi nombre, lo haré, para que el Padre sea glorificado en el Hijo. Si algo pidiereis en mi nombre, yo lo haré. (Juan 14:12-14)

Piense en cosas mayores. En cosas mejores, Tienes el respaldo de tu Salvador y Rey Jesucristo.

¿Puedes creer? ¿Puedes decir?: ¡Está amaneciendo para mí! ¡Tengo más claridad ahora! ¡Sí puedo! ¡Sí, lo haré! ¡Sí, lo lograré! Esta amaneciendo, veo una proyección mayor, mi vida se está transformando.

Dios ha programado una mayor expansión. TODO AUMENTA COMO LA LUZ DEL AMANECER. Ahora viene lo mejor para tu vida.

> Piense en cosas mayores. En cosas mejores, Tienes el respaldo de tu Salvador y Rey Jesucristo.

C. Ley del siguiente escalón.
UN NIVEL SUPERIOR PARA TI

¿Te has dado cuenta, que cuando llegas a un escalón, este escalón te permite subir al siguiente? Dios me enseñó, que todo lo que yo soy actualmente es la base, para hacer cosas mayores en el futuro.

Lo que tú eres actualmente, es la base para hacer cosas mayores mañana. Tus experiencias, tus recursos, tus conocimientos, tus planes son la base para subir a un nuevo escalón subir a un nuevo nivel.

En la antigüedad un joven llamado Jacob huía de su hermano. En un mundo desértico se acostó a descansar, puso una piedra de almohada, y allí se durmió. Mientras dormía tuvo un sueño.

"Y soñó: y he aquí una escalera que estaba apoyada en tierra, y su extremo tocaba en el cielo; y he aquí ángeles que subían y descendían por ella. Y he aquí Jehová estaba en lo alto de ella, el cual dijo: Yo soy Jehová, el Dios de Abraham tu padre, el Dios de Isaac; la tierra en que estas acostado te daré a ti y tu descendencia. Será tu descendencia como el polvo de la tierra, te extenderás al occidente, al oriente, al norte y al sur; y todas las familias de la tierra serán benditas en ti y en tu simiente. He aquí, yo estoy contigo, y te guardaré donde quiera que fueres, volveré a traerte a esta tierra; porque no te dejaré hasta que haya hecho lo que te he dicho" (Génesis 28:12-15)

Dios ha programado un mayor nivel integral, un nivel superior para ti, hay una escalera que vas a subir, durante toda tu vida.

Aprende esta ley todos los ejemplos que están en la Santa Biblia son los tesoros de Dios para ti. Son las enseñanzas que el Señor Todopoderoso quiere que aprendas para subir por la escalera del éxito de tu vida.

¿Que ves en este ejemplo? Por supuesto, ves la escalera de Dios, con el respaldo de los ángeles de Dios, Ves a Dios hablando, ves promesas maravillosas, promesa de un gran territorio, promesa de multiplicación, promesa de una gran descendencia, promesa de ensanchamiento, promesa de bendición para tus generaciones, promesa de bendición para bendecir a mucha gente. Dios ha programado que bendecirás a muchas familias de la tierra, tu ejemplo, con tus palabras, con tus donaciones, con tus empleos, con tu visión.

Prepárate para subir la escalera de Dios, él ha preparado lo mejor para tu vida. Sube tu siguiente escalón con seguridad, educación, experiencia y alegría.

> Prepárate para subir la escalera de Dios, él ha preparado lo mejor para tu vida.

D. Ley de Una Gloria Mayor.
EL NIVEL DE TU AUTORREALIZACION

Una lección para gerentes, padres, líderes, empresarios, pastores, sacerdotes, políticos, presidentes: debemos trabajar en la autorrealización de la gente. Esta es una lección natural, sencilla de los administradores de empresas, públicos y sociales.

Ahora le quiero hacer una pregunta: En esta ley natural los hombres imperfectos saben dar buenas cosas a sus hijos, para su autorrealización. ¿Cuánto más tu Padre que está en los cielos, (que es bueno) dará buenas cosas a los que se las pidan? ¿Puedes creer que así es? Dilo entonces: ¡Así es! Amén. Amén.

Dios ha estado trabajando durante generaciones y siglos y milenios para que sus hijos se realicen y salgan adelante. Cuando Jesús vino al mundo se compadeció de las multitudes, porque estaban desamparadas y dispersas como ovejas sin pastor, y se detuvo frente a la multitud, y les enseñó muchas cosas. (Marcos 6:34)

Jesús quería la realización de su gente, que estuvieran bien que aprendieran a amar a Dios, que aprendieran a amar a sus familias, que aprendieran a amar a su comunidad, que aprendieran a cultivar la tierra, que aprendieran a hacer empresa como les había enseñado en el Antigua Testamento.

Con sinceridad te confieso que quiero la realización de mi gente y tú eres parte de los realizados. Quiero una gloria mayor para tu vida, tu familia, y tu comunidad.

Conviértete en una bendición para mucha gente. Levanta empresas, produce empleos. Dios desea hacer de ti un líder, un empresario, un gerente, un inversionista, y que tu gloria sea mayor para bendecir a muchos.

> Quiero una gloria mayor para tu vida, tu familia, y tu comunidad.

Una Gloria Mayor permite que seamos una gran bendición.

"Jesús levantando los ojos al cielo, dijo: Padre la hora ha llegado..." (Era el momento del sacrificio, entregar su vida para salvarnos y redimirnos de toda maldición) Después una gran oración intercesora por sus discípulos, continuo: "La gloria que tú me diste, yo les he dado, para que sean uno, para que sean perfectos en unidad, para que el mundo conozca que tú me enviaste, y que los has amado a ellos como

también a mí me has amado... Padre aquellos que me has dado, quiero que donde yo estoy, también ellos estén conmigo, para que vean mi gloria que me has dado... y les he dado a conocer tu nombre, y lo daré a conocer aún, para que el amor con que me has amado esté en ellos". (Juan 17:1, 22, 24, 26).

La gloria de Jesús fue una poderosa bendición para sus discípulos y es para su iglesia hasta el día de hoy. Nuestra realización más grande es que ahora somos hijos de Dios. Esto es una mayor gloria, esto es una mayor realización. Pero la realización más grande de la iglesia es que es la amada, la esposa del Cordero; y disfrutará, y reinará con Cristo en esta tierra y por la eternidad.

Dios ha programado una gloria mayor para sus hijos. En el año 536 antes de Cristo los Israelitas regresaron de la cautividad babilónica, y encontraron un país en ruinas y totalmente destruido. Su liderazgo entro en acción, después de las exhortaciones proféticas, ellos actuaron, y Dios les prometió que construirían un templo maravilloso, y sería lleno del Espíritu Santo, y vendría el Deseado o sea el Mesías el Cristo a aquel lugar. La promesa fue completa, también traería recursos económicos para este propósito.

> Nuestra realización más grande es que ahora somos hijos de Dios. Esto es una mayor gloria.

"Según el pacto que hice con vosotros cuando saliste de Egipto, así mi Espíritu estará medio de vosotros, no temáis. Porque así dice Jehová de los ejércitos:

De aquí a poco yo haré temblar los cielos y la tierra, el mar y la tierra seca, y haré temblar a todas las naciones, y vendrá el Deseado de todas las naciones; y llenaré de Gloria esta casa, ha dicho Jehová de los Ejércitos. Mía es la plata y mío es el oro, dice Jehová de los ejércitos. La Gloria Postrera de esta casa será Mayor que la primera. A dicho Jehová de los ejércitos; Y daré paz en este lugar, dice Jehová de los ejércitos" (Hageo 2:5-9).

Dios ha programado una gloria mayor para tu vida.

"Y te hará Jehová sobreabundar en bienes, en el fruto de tu vientre, en el fruto de tu bestia, en el fruto de tu tierra, en el país que Jehová juro a tus padres que te había de dar. Te abrirá Jehová su buen tesoro, el cielo, para enviar la lluvia a tu tierra en su tiempo, para bendecir toda obra de tus manos. Y prestarás a muchas naciones y tú no pedirás prestado. Te pondrá Jehová por cabeza y no por cola; y estarás encima solamente, y no estarás debajo, si obedecieres los mandamientos de Jehová tu Dios, que yo te ordeno hoy para que los guardes y cumplas. (Deuteronomio 28:11-13)

Dios ha programado llenar tu vida con su poderosa presencia, ha programado sus principios de obediencia para exaltarte, ha programado unos bellos hijos, una bella familia (Dejemos las locuras y disfrutemos del plan de Dios), ha programado sobreabundancia de bienes, bendición en toda obra de tus manos, con recursos de bancos mundiales, máximos liderazgos y niveles gerenciales. Estarás adelante y encima solamente. Nos vemos en la cima, deseo una mayor gloria para tu vida. Y que puedas disfrutar lo mejor de la vida.

Esto se llama: UNA GLORIA MAYOR.

Dios desea que entendamos que una Gloria Mayor es su presencia en nosotros; por medio de esta gloria mayor todo cambiará, la familia será bendecida, la economía y los proyectos serán bendecidos, las empresas serán bendecidas y todo lo que emprendamos será bendecido. Y en lo mucho te pondré.

Las proyecciones divinas están programadas. Viva en ellas y disfrute lo mejor de la vida, conviértase en un empresario inversionista de niveles inalcanzables, recuerda en lo mucho te pondré.

> Dios desea que entendamos que una Gloria Mayor es su presencia en nosotros.

Prepárate para reinar. La fidelidad del presente determina el éxito mayor de mañana. Un escalón cada día. El peldaño en que estás es la base del próximo nivel. Esta es una proyección del cielo para ti.

CAPÍTULO VIII

LEYES DE LA EVALUACIÓN FINANCIERA

La lupa del diagnóstico financiero

El éxito de un proyecto requiere de constante evaluación y supervisión.

"Porque ¿Quién de vosotros, queriendo edificar una torre, no se sienta primero y calcula los gastos, a ver si tiene lo que necesita para acabarla? No sea que después que haya puesto el cimiento, y no pueda acabarla, y todos los que lo vean comiencen a hacer burla de él, diciendo: este hombre comenzó a edificar, y no pudo acabar" **(Lucas 14:28-30)**

Existen diferentes formas y sistemas de evaluación financiera. Veamos, algunas de estas herramientas de evaluación, para ampliar y fortalecer nuestra vida y el éxito de nuestro ejercicio.

A. Evalúe

1. Evalúe el presupuesto de las inversiones.
   El que mucho abarca... pierde la fuerza

Antes de hacer nuevas inversiones, evalúe como se están moviendo los mercados en el área y en el momento que piensas invertir. Compare precios, compare tamaños y calidad de las propiedades, los arreglos que requieren, costos de las reparaciones; además, cuánto tiempo se tardarán las remodelaciones. Evalúe.

2. Evalúe la capacidad de pago. El que mucho abarca... tiene problemas para pagar sus cuentas a tiempo.

Cuando se calcula cuánto dinero necesitamos, cuánto dinero tenemos, cuánto dinero nos hace falta; además, que sistema de financiamiento nos respalda, o la circulación financiera que se nos mueve normalmente. Podemos calcular objetiva y matemáticamente que el negocio es seguro. Entonces podemos garantizar que no tendremos aprietos, para cumplir con nuestras obligaciones y las de nuestras inversiones.

3. Evalúe la producción de las inversiones que piensa hacer

Cada vez que vas a invertir, se debe evaluar la ganancia que produce. Tenga en cuenta las proyecciones reales. Si inviertes en un terreno revisa hacia donde se proyecta la ciudad o las vías, esto puede garantizar una mayor ganancia, en la inversión, y en más corto tiempo. Si inviertes en una casa revise y evalúe, la calidad, la ubicación, el tamaño, las viviendas alrededor y sus costos. Cuanto es el costo y su reparación y cuanto serían las ganancias. Revise, evalúe, asesórese si es necesario.

B. Revise

1. Revise cuantos trabajadores realmente necesita

La contratación de trabajadores es muy importante a la hora de ejecutar proyectos. Algo fundamental es hacer contrataciones de empresas o personal calificado. Siempre se necesitan trabajadores excelentes. Y siempre se requieren empresas excelentes. Se debe tener en cuenta los costos de mano de obra de lo que se va a hacer, y hacer comparaciones y evaluaciones, antes de la contratación.

Busque referencias de las personas o empresas que vas a contratar. Hoy el mundo ha crecido en deshonestidad y los bandidos están al asecho. Recuerde que su empresa, sus inversiones y las de otros están en sus manos. Revise los contratos y compare precios con las empresas proveedoras de servicios. Los Proveedores de servicios cambian mientras alcanzan confianza, y terminan cobrando más que los demás.

> Recuerde que su empresa, sus inversiones y las de otros están en sus manos.

2. Revise los costos constantemente

Con el tiempo los valores, costos y corazones cambian. Revise constantemente intereses bancarios, trabajadores, contratos, tiempo de los procesos. El tiempo de los procesos es muy importante a la hora de producir ganancias. Procesos cortos más ganancias, procesos largos riesgos de pérdidas. Tenga en cuenta que sistemas hipotecarios a largo plazo, se pueden convertir en pérdida.

Cuide la fuga de dinero y que se produzcan más costos, más altos y mayores intereses, sanciones por incumplimiento, costos de sobregiros, demoras en los pagos de los clientes. Evalúe que siempre sean mayores las ganancias, que las pérdidas.

3. Revise los procesos constantemente

Con los días los procesos se pueden prolongar y esto puede hacer variar costos, ganancias y cumplimiento. Revise y procure que los procesos sean agiles y rápidos. Un buen sistema ágil y rápido produce ganancias y alegra a los clientes. Cree un sistema de procesos agiles y rápidos. Y revise constantemente que los procesos se mantengan; Que los trabajadores cumplan con horarios y metas dentro de los procesos.

4. Revise constantemente tu estado de ánimo y acción

Para llegar a la meta es necesario ser servidores constantes de nuestras empresas y de nuestra gente, Mantener el corazón bueno en todo lo que hacemos, y con todos, ser fieles en todos los procesos, aun en medio de las rivalidades y competencias. Recuerde: Se fiel hasta la muerte y en lo mucho te pondré, y te daré la corona de la vida.

El ánimo y la acción constante requieren de refuerzos constantes y permanentes.

Se requiere ser valientes y esforzados en medio de la oposición. La oposición es un indicador de avance. Mi victoria no hace que todo sea miel. Mi éxito hace que se levante la opinión opositora; pues, solo se le lanzan piedras al árbol lleno de frutos. Nadie critica al pordiosero, solo se critican a los exitosos, la crítica murmurante es un negocio que vive y se sostiene por los éxitos de otros. Éxito es avanzar sobre la oposición.

Veamos algunas fortalezas que permiten mantener en alto el estado de ánimo y la acción.

a) Concentración hasta la meta y el triunfo.

Un gran proyecto requiere concentración en el propósito hasta el fin. Está comprobado que los grandes logros de los seres humanos requieren la concentración en amor por el propósito; pues, la dedicación en sus mentes y acciones determinan los grandes éxitos. Esta concentración requiere de una mentalidad disciplinada, un gran amor por la meta, el tiempo necesario hasta el logro, caminar por la senda de los procesos hasta el final, y la entrega del corazón y la vida por siempre.

b) Amor por EL ÉXITO INTEGRAL.

Comprendamos el éxito integral. El éxito es permanencia en el bien, es estabilidad, es servicio, es valoración, es privilegio, es realización, es vida para ti y tu familia y los demás. Cuando comprendemos estos valores, estamos preparados para aceptar el éxito integral en nuestra vida, sin desánimos.

c) El éxito requiere de permanencia en el bien.

El éxito verdadero está en permanecer en el bien. El verdadero amor está en hacer el bien a todos. De nada sirve conseguir mucho dinero y terminar muerto, o en la cárcel, sin familia, solos y abandonados. Permanencia en el bien es vida presente, vida futura y vida eterna. El éxito completo está en una vida en el bien. Los resultados del bien son una vida feliz constante, vida abundante por siempre, años sanos, y un buen ejemplo que será recordado, y grandes realizaciones hasta la eternidad.

El éxito es permanencia en el bien. Si te fijas en los errores de los demás estas afirmando tu fracaso, si te fijas en los éxitos correctos de otros estás aprendiendo el camino del bien y de tu éxito.

d) Tu éxito requiere EL SUEÑO DE DIOS PARA TI.

Afirma los planes de Dios en ti. Ser una estrella en su mano derecha. No importa lo que creas; Dios ya ha planeado hacer cosas extraordinarias contigo. Ahora corrige tu creer; pues, el Dios del universo ha dicho: "EN LO MUCHO TE PONDRÉ". El sueño de Dios para José. El sueño de Dios para Jorge. Es el sueño de Dios para ti. El sueño de un hombre superior. Estar entre las estrellas. Caminar sobre las estrellas, este es el sueño de Dios para ti. "Cree en el Señor Jesucristo, y serás salvo, tú y tu casa". (Hechos 16:31) Ahora, sube a sus manos.

e) Anímate, y proyéctate.

El nivel del éxito financiero tú lo determinas. Tú tienes la visión. Ves los montes, los territorios, tú miras las estrellas, tú miras tus generaciones, tus negocios y tus empresas; la visión de Dios para ti y lo que viene para tu vida. Está programado viene lo mejor de Dios para la gente buena, para la gente correcta, para los hijos de Dios. Amplia y fortalece tu visión para que tu avance sea mayor; pues, el éxito tú lo determinas.

Estudia y especialízate en tu carrera. Todo profesional compra libros, asiste a conferencias que fortalecen su conocimiento y su diseño personal. El hombre de éxito empresarial y financiero vive actualizando su mente en los nuevos descubrimientos de la carrera que desempeña. El buen conocimiento y dominio de la carrera anima y fortalece la acción del empresario.

f) Llénate de fe.

No todos serán multimillonarios, pero si todos podemos llegar a un buen nivel de éxito financiero, y disfrutar lo mejor de la vida. ¡Y porque no! También podemos ser millonarios, si lo decidimos. Tu Fe decide. Tu fe te llena de ánimo, y te da alegría para hacer las cosas. Un hombre de fe ve lo que otros no ven, y alcanza lo que los demás no han imaginado.

g) Tenemos el reto más importante.

Trabajamos y producimos para hacer generaciones benditas y poderosas. Todos podemos hacer de nuestros hijos generaciones benditas y poderosas. Una generación poderosa y bendita (Salmo 112:1-2) hace hijos poderosos y benditos en conocimiento. Poderosos y benditos en recursos. Poderosos en la Sabiduría y el Temor de Dios (respeto hacia Dios y sus principios).

Poderosos y benditos en administración de recursos y naciones.

Poderosos y benditos en sus familias. Conforme al Diseño de Dios.

Poderosos y benditos en autoridad. Estar en la Administración de proyectos eclesiásticos, políticos, empresariales y económicos.

Poderosos y benditos en economía. Gran parte del poder y la bendición está en el control del dinero.

Poderosos y benditos en salud. Amor, Gozo, Paz, salud

espiritual y mental, salud física. Fuertes. Ejercitados, disciplinados, bien alimentados.
Poderosos y benditos en relaciones sociales. Las multitudes son las que producen los diamantes y los compran.

Nuestro gran reto es dejar una gran herencia de bendición y poder a nuestra próxima generación.

h) Ama de verdad a la humanidad, hazlo sin fingimiento.

Recuerda: Tú sirves y te sirven. Tú siembras y cosechas. Tú amas y te aman. Las multitudes compran y multiplican tus diamantes. Ama la gente, es un gran tesoro; a través de las multitudes Dios hace tus tesoros.

CAPÍTULO IX

PROYECTO DE VIDA FINANCIERA

La fuente de la verdadera realización

La fuente de la verdadera realización está en la práctica.

Jesús dijo: "Cualquiera, pues, que me oye estas palabras, y las hace, le compararé a un hombre prudente que edificó su casa sobre la roca" (Mateo 7:24).

Hemos llenado nuestra mente de tesoros, conocimientos, motivaciones y fe, durante la lectura de este libro, lleno de vida e inspiración. Ahora debemos entrar en el terreno de la práctica. La acción.

Tome una computadora, o un iPad, una tableta electrónica, o un cuaderno o libreta de papel, y vamos a escribir.

Busque un lugar tranquilo, donde no sea interrumpido.

Pídale a Dios que te ilumine, para realizar el plan de tu vida.

Superemos toda barrera mental, cualquier temor y vamos a la acción.

Hagámonos algunas preguntas, y marchemos.

¡Comencemos!

A. Primera etapa. Tus Sueños. ¿Qué hemos soñado? Respondamos y escribamos nuestros sueños. Si nunca lo ha hecho, ahora piense realmente lo que has sonado, y escriba. Dedique el tiempo necesario, sin afán. Haz una gran lista de sueños que cubran su vida personal, su familia, el servicio a Dios, su trabajo, sus empresas, o negocios que has deseado. Escriba, no tengo afán. Si quieres dedicar una hora, medio día, un día. Excelente píense bien. Recuerde, que es tu futuro, y el éxito de tu vida. Escribe.

____

____

____

Después de haber escrito tus sueños, y haber aclarado tus ideas para tu futuro, ahora vamos con la segunda etapa.

B. Segunda etapa. Tus deseos. ¿Qué queremos realmente? Escriba por favor, saque tiempo y con tranquilidad, sin afán. Sea preciso, y específico. Ahora vamos a ser más prácticos, sobre que queremos. Quiero un mejor trabajo. Quiero una carrera universitaria. Quiero una especialización. Quiero un negocio. Quiero una empresa. Quiero hacer inversiones. Quiero un mayor ministerio. Quiero una gran iglesia. Quiero invadir la ciudad con el evangelio de Cristo. Quiero irme para otro país. Quiero trabajar con mi familia en un negocio de ventas. Etc.

Por favor, no te afanes, no te preocupes, tienes todo el tiempo del mundo, para que lo escribas, y lo hagas, lo más preciso posible. Escribe todo lo necesario.

Después de haber escrito lo que quieres y haber profundizado más en tus deseos. Ahora vamos con la siguiente etapa.

C. Tercera etapa. Tu autorrealización ¿Qué Soy? Vamos a hacer un análisis personal de tu vocación. Haz una lista de tus estudios, por sencillos que sean, cursos, bachillerato, diplomados, carrera, universidad, soy agricultor, soy conductor, soy panadero, soy un cajero de un banco, soy un zapatero, soy un vendedor, soy un predicador, soy un pastor, soy un sacerdote, soy un psicólogo, soy un empresario, soy un cocinero, soy un médico, soy un comerciante, soy un aviador, etc. Escribe. Por favor.

Revise con base en lo leído anteriormente ¿Qué soy? Soy bueno, soy honesto, soy fiel, soy responsable, soy cumplido, mis promesas son pactos; además, soy organizado, soy creativo, soy amoroso, soy respetuoso. Estoy preparado para manejar recursos, estoy preparado para hacer mi propia empresa, tengo fe que lo lograré; además, amo a mi Dios, amo mi familia, amo mi iglesia, amo mi profesión; también, he logrado equilibrio en mi personalidad. Tengo buenas relaciones sociales, las personas me aprecian. Creo, mi fe me dice que estoy preparado; pero, sigo estudiando para alcanzar un mayor nivel. Escribe. ¿Qué soy?

____

____

Ahora escribe con claridad que eres como persona; que eres en el aspecto laboral y productivo. Escribe, escribe y escribe. Dedica el tiempo necesario y escribe, si descubres que hay áreas que superar, estudia, y supérate hasta lograr el nivel que requiere el empresario que Dios ha programado hacer con usted.

____

____

____

D. Cuarta etapa. Tu capacidad personal. ¿Qué más podría hacer, con base en lo que se hacer? Por ejemplo: Tengo una amiga que fue conductora de tráiler por muchos años; un día se cansó, y quiso hacer algo diferente. Encontró que podía ser instructora de nuevos candidatos para conducir tráiler. Es lo que está haciendo ahora, y gana bien, y se siente descansada y feliz.

Con este ejemplo, deseo ampliar tu visión. Con base en lo que una persona sabe hacer, se pueden abrir muchos caminos y diferentes actividades y sistemas productivos. Entonces escriba que más podrías hacer con base en lo que sabes hacer. Escriba, por favor.

____

____

____

E. Etapa quinta. Tu visión. Ahora, con base en este ejercicio. Tome una decisión. ¿Qué es lo que verdaderamente puedes hacer, y vas a hacer? Ore a Dios, que te llene de valor. Y decida: ¿Qué vas a hacer? Y ahora escribe, lo que vas a hacer. Tu empresa o negocio.

____

____

____

F. Sexta etapa. Tu negocio. ¿Cuál será mi negocio? Escribe los siguientes pasos:

1. Colóquele un nombre a su actividad o proyecto, basado en la actividad. Por ejemplo: si es un restaurante, colóquele: "Restaurante El Mejor Sabor". Si es una escuela de preescolar: "Mis primeros pasos". Si es una iglesia: "Iglesia Cristiana Amor y Esperanza". El titulo generalmente muestra o refuerza la actividad que se desarrolla. Construcción y Diseños Arquitectónicos Gama. ¿Qué nos dice este título? Ahora, con base en su proyecto, dele un buen título. Escriba por favor.

____

2. Defina el alcance del negocio. Hasta donde o cuantas personas serán bendecidas con su proyecto. Escriba en cortas palabras lo que usted puede visualizar. Ejemplo: Construir doce soluciones de vivienda por año.

____

3. Defina los objetivos del negocio. ¿Qué es lo que se quiere lograr con la marcha de este proyecto? Ejemplo, Proveer comida a los trabajadores del sector a buen precio. En el caso que sea un restaurante. Para la constructora Ejemplo: Dar solución de vivienda a doce familias por año.

____

____

____

4. Defina los recursos que requiere su proyecto. La cantidad de trabajadores y profesionales que se necesitan en la ejecución y en la marcha de la empresa. La lista de materiales y equipos que se requieren para una ejecución completa del negocio, las instalaciones, los permisos que se deben gestionar, los registros de la incorporación. Si es un restaurante los permisos son diferentes, que para una constructora. Escriba, por favor. Haga la lista de trabajadores, de profesionales, materiales, de equipos, instalaciones, documentos. Y adelante. Siga escribiendo.

____

____

____

____

5. Defina el recurso financiero. ¿Cuánto dinero se requiere para el montaje inicial del negocio? Con base en el proyecto se pueden calcular los costos fijos iniciales. Además, se debe tener en cuenta los costos variables como son sueldos de los trabajadores y materias primas, bien sea semanal, mensual o anual.

____

____

____

____

El presupuesto te exige las ventas o contratos para alcanzar el punto de equilibrio financiero de la empresa. Cuando los costos y gastos son iguales a las ventas, se te dará el punto de equilibrio, donde ni pierdes ni ganas. Pero esta no es la idea. La idea de los negocios es ganar. Siempre las ventas deben ser superiores a los costos y gastos. El margen superior de ventas sobre costos y gastos es la ganancia de tu empresa. Escribe, por favor, cuanto necesitas hasta el más mínimo detalle.

____

____

____

____

____

6. Defina el cronograma. ¿Cuándo comienza el negocio o la empresa? Escribe fechas. Un calendario de actividades. Y esfuércese por tratarlo con respeto y cumplirlo. Cómprese un planeador anual; también puede usar su programador en tu computadora. Establezca un sistema de revisión y control sobre actividades y fechas de cumplimiento. Bien sea por medio de reuniones semanales o mensuales, sobre cómo se van desarrollando las actividades y cada tarea, según el cronograma. Escriba por favor, ¿Cuándo se hará?

____

____

____

7. Defina personal y tareas administrativas. Para la buena marcha de una empresa se requiere personal calificado. Un gerente general. Si usted es el gestor del proyecto, considero que usted debe ser el gerente, tan solo en el caso que sea que vas a ampliar tu negocio en una nueva sede y requieras allí un gerente o director.

Hay tres áreas que siempre requiere todo negocio o empresa, sea grande o pequeña. Departamento de producción, departamento de ventas, y departamento de finanzas. Es necesario tener una persona encargada de cada área. Una buena secretaria auxiliar contable podría ser la encargada del departamento de finanzas, pero es imposible que se encargue de la producción y menos de la promoción del márquetin. Además, dentro del personal debes agregar a los trabajadores y operarios, con sus respectivas funciones. Escribe, por favor. Que personal requiere tu empresa.

____

____

____

Tenga paz, y gozo a la vez. Estamos trabajando en tu negocio. Si algo no es claro, pida asesoría.

Vamos bien.

G. Séptima etapa. Tu capacidad en recursos. Ahora sigamos evaluando. ¿Qué tenemos y que necesitamos? ¡Wowww! En este punto evaluativo. Debemos tener en cuenta hasta donde da nuestra capacidad. Nuestra preparación y recursos. Escribe, la lista de los libros que debes comprar, o los temas que debes estudiar para superar tus deficiencias.

____

____

Además, la lista de asesores que tú necesitas, un administrador para la redacción de tu proyecto, un abogado para le gestión de las incorporaciones, un contador para el establecimiento de tu sistema contable. Hay veces, que conseguimos un profesional estrella que lo hace todo. Escribe.

____

____

Por favor, escribe, una lista de todo lo que ya tienes, en este momento para iniciar tu negocio. También, haz una lista de todo lo que te falta. Estudio, especialización, un plan, asesores, licencias, dinero, muebles, maquinaria, instalaciones, vehículos, bancos y más dinero, clientes, publicidad, y más, y más. etc.

____

____

____

H. Octava etapa. Tu plan ¿Qué haremos? Llenarnos de ánimo y fe, planear, invertir en estudio, invertir inteligencia, invertir tiempo, invertir dinero, invertir esfuerzo. ¡¡¡HAGAMOSLO!!!

I. Novena etapa. Tu tiempo. ¿Cuándo empezamos? Ya comenzamos, ya no podemos echarnos para atrás, estamos destinados a avanzar, estamos convencidos que podemos y lo lograremos; Pues, el Hijo del Dios Todopoderoso del universo te ha profetizado: "EN LO MUCHO TE PONDRE". Ahora coloca todo el plan en un cronograma. Fecha de preparación, registros de licencias, fecha de inicio y contratación de personal. Producción, ventas. Etc. Escribe por favor. Ha llegado el momento.

J. Décima etapa. Tu decisión. ¿Qué haremos con todo lo que Dios nos ha revelado?

____

____

____

Vuelve a leer este libro, todas las veces que sea necesario, hasta que se vuelva parte de tu vida práctica; estúdielo en seminarios, en grupos, en plenarias. Compártalo con otros, y enriquece a otros.

Este libro vivo, fue creado para enriquecer las naciones y a todo el mundo.

CONCLUSION

Gracias, gracias te damos Sublime Padre por tu grandeza y majestad. Gracias por tu sabiduría, por tus conocimientos, por tus tesoros que nos enriquecen el corazón, el alma, el espíritu y nuestro diario vivir. Gracias por invertir tu amor preciado, por medio de tu Hijo Jesucristo, para enriquecer nuestra vida y todo nuestro ser; y convertirnos en seres bendecidos, llenos de tus tesoros, para enriquecer a otros. Amén.

Este tesoro ha sido creado para bendecir a muchas personas, familias, pueblos y naciones. Cada principio, cada ejemplo, cada pensamiento enriquece la mente y el corazón del lector. Ahora lo más importante es que sea parte de nuestra vida diaria, parte de nuestros pensamientos, motivaciones y acciones.

Que, a través de este tesoro, podamos obtener y disfrutar lo mejor de la vida. Y, podamos compartir estas verdades y enriquecer a muchos.

Olfidier Jorge Gama C.

BIBLIOGRAFIA

- MAXWELL John C. (2004) Como Ganarse a la Gente. USA. Grupo Nelson.

- CASTELLANOS Cesar. (2001) La Escalera del Éxito. Bogotá, Colombia. Editorial G12.

- Cruz Camilo. (2001) Arquitectura del Éxito. 6 Edición. Colombia. Taller del Éxito.

- MAXWELL John C. (2007) Las 21 Leyes Irrefutables del Liderazgo.

- MUNROE Myles. (2005 El Espíritu del Liderazgo. Estados Unidos de América. Ministerio Internacional de Fe de las Bahamas.

- GRAHAM Billy. (2005) Secretos del Liderazgo. Miami, Florida. Editorial Vida.

- MAXWEEL John C. (2006) Elementos Esenciales del Liderazgo. Estados Unidos de América. Grupo Nelson, Inc.

- HAGEE John. (2004) Los Siete Secretos. Estados Unidos de América. Editorial Casa Creación.

- GAMA Olfidier. El Diseño de Dios. Estados Unidos de América. 2015 Olfidier Jorge Gama. Todos los derechos reservados.

- SANTA BIBLIA. Versión Reina Valera 1960.Nashville, Tennessee. Biblia Publisher, HOLMAN.

- ROHN Jim. (2020) Doce Pilares. Jin Rohn Internacional y Cris Widener Internacional. Estados Unidos de América.

- LENG Felipe. (1980) Libertad Financiera. Editorial Centro de Literatura Cristiana. Colombia.

- GAMA Olfidier. La Predicación Objetiva. Estados Unidos de América. 2019 Olfidier Gama. Todos los Derechos Reservados.

- ZIGLAR Zig. (1995) Más Allá de la Cumbre. Grupo Nelson. Nashville, Tennessee. Estados Unidos de América.

- ROHN Jim. (2022) 7 Estrategias Para Alcanzar RIQUEZA Y FELICIDAD. Las Vegas. USA.

- OSBORN T.L. (1994) La Buena Vida. Asociación Editorial Buena Semilla. Bogotá, Colombia.

- MASON John. (1996) Un Enemigo Llamado Promedio. Editorial Caribe. Nashville, Tennessee. Estados Unidos de América.

- BALDONI John. (2011) Se un Líder Modelo. Grupo Nelson. Nashville, Tennessee, Estados unidos de América.

- CUAUHTEMOC Carlos. (2006) Te Desafío a Prosperar. Grupo Editorial, Diamante. México.

- KIYOSAKI Robert. (2001) El Cuadrante del Flujo de Dinero. Time & Money Network Editions. Buenos Aires, Argentina.

- HILL Napoleón. (2009) ¡Piense y Hágase Rico! Grupo Editorial Tomo S.A. México D. F.

- KIYOSAKI Robert. (1998) Padre Rico Padre Pobre. Time & Money Network Editions. Buenos Aires, Argentina.

- LEAL Luz Mery. (1996) Fundamentos de administración. Editor: Universidad Santo Tomás. USTA. Bogotá, Colombia.

- ALVAREZ Augusto. (1990) La Administración de Personal. Talleres Gráficos ESTAR. Bogotá, Colombia.

OTROS LIBROS RECOMENDADOS